O Apóstolo da Gentilidade

CIP-BRASIL. CATALOGAÇÃO NA PUBLICAÇÃO
SINDICATO NACIONAL DOS EDITORES DE LIVROS, RJ

G53a   Godinho, Bruno
            O apóstolo da gentilidade / Bruno Godinho. – 1. ed. –
Porto Alegre [RS] : AGE, 2023.
            160 p. ; 16x23 cm.

               ISBN 978-65-5863-209-2
               ISBN E-BOOK 978-65-5863-210-8

               1. Paulo, Apóstolo, Santo. 2. Santos cristãos – Biografia.
I. Título.

            23-84410   CDD: 922.22
                                      CDU: 929:27-36

Gabriela Faray Ferreira Lopes – Bibliotecária – CRB-7/6643

Bruno Godinho

O Apóstolo da Gentilidade

Editora AGE

PORTO ALEGRE, 2023

© Bruno Freitas Godinho, 2023

Capa e ilustrações:
WILLIAM MOG
CAU A90996-3

Adaptação da capa:
NATHALIA REAL

Diagramação:
NATHALIA REAL

Revisão e supervisão editorial:
PAULO FLÁVIO LEDUR

Editoração eletrônica:
LEDUR SERVIÇOS EDITORIAIS LTDA.

Reservados todos os direitos de publicação à
LEDUR SERVIÇOS EDITORIAIS LTDA.
editoraage@editoraage.com.br
Rua Valparaíso, 285 – Bairro Jardim Botânico
90690-300 – Porto Alegre, RS, Brasil
Fone: (51) 3223-9385 | Whats: (51) 99151-0311
vendas@editoraage.com.br
www.editoraage.com.br

Impresso no Brasil / Printed in Brazil

Este livro não sairia
Com tanta ilustração
Se não fosse Willian Mog
Um desenhista de coração.

Ele é um irmão notável
De natureza segura e calma
Não poderia ser outro
A desenhar com sua própria alma.

Mil graças, querido irmão
Por esse belo trabalho
Que Deus o abençoe
Pelo seu inestimável regalo.

Abreviações bíblicas

1 Co = 1.ª Epístola aos Coríntios
1 Cr = 1.º Livro de Crônicas
1 Jo = 1.ª Epístola de João
1 Pe = 1.ª Epístola de Pedro
1 Rs = 1.º Livro de Reis
1 Sm = 1.º Livro de Samuel
1 Tm = 1.ª Epístola a Timóteo
1 Ts = 1.ª Epístola aos Tessalonicenses
2 Co = 2.ª Epístola aos Coríntios
2 Cr = 2.º Livro de Crônicas
Tit = Carta a Tito
2 Jo = 2.ª Epístola de João
2 Pe = 2.ª Epístola de Pedro
2 Rs = 2.º Livro de Reis
2 Sm = 2.º Livro de Samuel
2 Tm = 2.ª Epístola a Timóteo
2 Ts = 2.ª Epístola aos Tessalonicenses
3 Jo = 3.ª Epístola de João
Am = Amós
Ap = Apocalipse
At = Atos dos Apóstolos
Cl = Colossenses
Dn = Daniel
Dt = Deuteronômio
Ec = Eclesiastes
Ed = Esdras

Ef = Efésios
Ex = Êxodo
Ez = Ezequiel
Fm = Filemon
Fp = Filipenses
Gl = Gálatas
Gn = Gênesis
Hb = Hebreus
Is = Isaías
Jn = Jonas
Jo = João
Jó = Jó
Jr = Jeremias
Js = Josué
Jz = Juízes
Lc = Lucas
Lv = Levítico
Mc = Marcos
Ml = Malaquias
Mq = Miqueias
Mt = Mateus
Nm = Números
Os = Oseias
Pv = Provérbios
Rm = Carta aos Romanos
Sl = Salmos

Sumário

Exórdio 11

Rápida biografia 17
Rabban Gamaliel I e Estêvão 20
O Templo de Jerusalém 27
O Clero 31
Os fariseus 34
O Sinédrio 38
Às portas de Damasco, até Antioquia 42
A primeira viagem 52
O que verdadeiramente interessa? 60
A segunda viagem 68
A terceira viagem 96
Ida a Roma, sem volta 118
A palavra de Deus não está presa (2 Tm 2:9) 121
Os anos finais 134
Lá vem Ele luminoso 155

Epílogo 157

Referências 159

Exórdio[1]

Nenhum outro homem teve sobre a evolução histórica do Cristianismo maior e mais decisiva influência do que Saulo de Tarso (5-64/65).[2] Percorrendo o Oriente e o Ocidente, levou ao seio da, então, novíssima Igreja (do grego: *ekklêsía*) inumeráveis multidões de criaturas, povos e países inteiros.[3]

A existência de Saulo foi *sui generis*, e dividiu-se em dois períodos, de duração QUASE IGUAL, mas de caráter totalmente oposto um do outro, porquanto mudou apenas o alvo, o ideal. Esse intrépido evangelizador, em verdade, assumiu duas personalidades em uma única existência: Saulo, durante 30 anos, de Tarso a Damasco, em que combateu o Nazareno sem tréguas nem descanso, porque via Nele o grande inimigo da religião judaica; e Paulo, durante QUASE 30 anos, de Damasco a Roma, em que adorou Jesus com todas as veias de seu coração, e desejava vê-lO adorado pelo mundo inteiro, porque reconhecia-O como Redentor da Humanidade.

O Espírito Emmanuel, em 13 de março de 1940, na cidade de São Leopoldo, através do médium Francisco Cândido Xavier (1910-2002), traz uma mensagem íntima sobre Paulo, quando ele (Emmanuel) se encontrava na personalidade do senador romano Publio Lentulus Cornellius (?-79), que, por sua vez, achamo-la no livro *Amor e Sabedoria*, capítulo IV, de Clóvis Tavares (1915-1984). Vejamo-la:

> [...] Lede as cartas de Paulo e meditai. O convertido de Damasco foi o agricultor humano. Muitas vezes foi áspero. A terra não estava amanhada e se em alguns pontos oferecia leiras brandas e férteis, na maioria, eram regiões em espinheiro e pedregulho. Paulo foi o lidador de sol a sol. Seu fervoroso amor foi a sua bússola divina. Sua paixão no mundo, iluminada pela sua dedicação ao Cristo, transformou-se na base onde deveria brilhar para sempre a claridade do Cristianismo. Conheci-o, em Roma, nos seus dias de trabalho mais rude e de provações mais acerbas. Vi-o uma vez unicamente, quando um carro do estado transportava o

senador Publio Lentulus, ao longo da Porta Ápia, mas foi o bastante para nunca mais esquecê-lo. Um incidente fortuito levara os cavalos a uma disparada perigosa, mas um jovem cristão, atirando-se ao caminho largo, conseguiu conjurar todas as ameaças. Avistamos, então, um pequeno grupo, onde se encontrava a sua figura inesquecível. Trocamos algumas palavras, que me deram a conhecer a sua inteireza de caráter e a grandeza de sua fé.

O fato ocorria pouco depois da trágica desencarnação de Lívia e eu trazia o espírito atormentado. As palavras de Paulo eram firmes e consoladoras.

O grande convertido não conhecia a úlcera que me sangrava no coração, todavia as suas expressões indiretas foram, imediatamente, ao fundo de minha alma, provocando um dilúvio de emoções e de esclarecimentos.

Luzeiro da fé viva, Paulo não pode ser olvidado em tempo algum. Seu vulto humano é o de todo homem sincero que se toque do amor divino pelo Cordeiro de Deus.

Lede-o sempre e não vos arrependereis.

Paulo não conhecia meias medidas. Contudo, nesse ardor, não se tornou fanático. Ao contrário, tudo se pautava em uma serena racionalidade. Detestava a mediocridade. Atentemo-nos bem: **a mediocridade e não as pessoas medíocres**. E essa atitude é louvável, "porque Deus não nos deu o espírito de temor, mas de fortaleza, amor e moderação" (2 Tim, 1:7).

O Espírito Victor Hugo, em seu livro *Dor Suprema*, no Livro VII, capítulo VIII, através da médium Zilda Gama (1878-1969), diz que Paulo de Tarso:

> [...] Era um verdadeiro pregador, que verberava o crime, abalava as almas torvas, arrebatando-as do torvelinho das iniquidades às regiões serenas da purificação, tornando-as propícias ao sacrifício, à abnegação, ao lídimo cumprimento de todas as virtudes cristãs.
>
> [...] Paulo tinha arroubos da oratória; suas palavras feriam tais gládios acerados, e pelas aberturas penetravam clarões de sóis coruscantes. Suas mãos – que também sabiam abençoar – dir-se-ia, empunhavam açoites invisíveis, que eram brandidos nos ares, contundindo os corações e as almas...

Esta obra é resultado de um estudo que durou 12 anos, e foi construída da seguinte forma: debruçamo-nos sobre os Atos dos Apóstolos e as 14 Cartas Paulinas (contando com a dos Hebreus), não esquecendo, é claro, os quatro Evangelhos. Desse modo, percebemos que poderíamos ombrear a Doutrina Espírita em vários acontecimentos narrados por Lucas e pelo próprio Paulo de Tarso.[4] Este livro está recheado de notas explicativas doutrinárias. Não as percam quando aparecerem; de imediato, por obséquio, leiam-nas.

Pois bem: iremos contextualizar TODAS as Epístolas Paulinas, além de trazer alguns trechos delas, aleatoriamente, quando for oportuno, na intenção de entender o pensamento do Apóstolo da Gentilidade.[5]

As Cartas Paulinas, **todas escritas em grego**, foram preservadas por seus seguidores, que, sem detença, fizeram cópias e até interpolações. Malgrado, elas não deixaram de constituir esse tesouro que chegou até nós. A cópia mais antiga desse conjunto, que se conservou até hoje, encontra-se num papiro datado de inícios do século III.

Sobre as três viagens apostólicas de Paulo de Tarso, e sua ida a Roma (a última viagem), narramos os trajetos sempre tangenciados com **mapas ilustrativos** (jamais vistos em literaturas sobre a vida do Apóstolo da Gentilidade), colocados antes de cada texto relacionado às suas louváveis, conquanto sofridas, peregrinações.

A Federação Espírita Brasileira (FEB) publicou quatro livros, cujo assunto principal é Paulo de Tarso. Colocá-los-emos aqui, a título de conhecimento:

I) o insubstituível romance *Paulo e Estêvão*, em que o Espírito Emmanuel narra a biografia do Apóstolo dos Gentios, **de forma única**, através da mediunidade de Francisco Cândido Xavier, e que tomaremos como base (apenas) para confrontá-lo com os Atos dos Apóstolos, com as Cartas Paulinas, com vários biblistas e exegetas da história do Cristianismo;[6]

II) a literatura de pesquisa incomum, por ser profunda, além de notória, *As Marcas do Cristo*, Volume I, do emérito escritor carioca Hermínio Corrêa Miranda (1920-2013). Ela será de importância capital no último texto desta obra;

III) o livro *Paulo, um Homem em Cristo*, do palestrante espírita gaúcho (de Pelotas), e pesquisador Ruy Kremer (1924-2002), que aqui o citamos apenas como conhecimento ao leitor, haja vista não constar em nossas referências bibliográficas;

IV) da mesma maneira ocorre com o livro *O Legado de Paulo de Tarso*, do médico e biólogo Alírio de Cerqueira Filho.

A literatura que o leitor tem em mãos não foi escrita em nenhum formato parecido com as quatro obras supracitadas. E tal afirmação não significa, em hipótese alguma, que a obra *O Apóstolo da Gentilidade* seja melhor ou mais producente que elas. Jamais! Em verdade, reconhecemos nossa penúria moral. Uma percuciente pesquisa exigiu-nos como necessário: **conhecer as circunstâncias históricas em que as "Cartas" foram concebidas, as causas que lhes deram origem, os objetivos a que Paulo se propunha, as estratégias argumentativas que ele usou para alcançá-los, e, por fim, o conteúdo que ele pretendia transmitir**. Portanto, é um livro cujos aspectos histórico, evangélico, geopolítico, social, doutrinário (à luz do Espiritismo) e, sobretudo, **moral constituem sua argamassa**.

Sendo assim, acreditamos que conseguimos alcançar nosso objetivo, qual seja: oportunizar ao leitor conhecer, em detalhes pormenorizados, os feitos desse notável homem – **o Legionário do Cristo Jesus; o Apóstolo do Bem; o Arauto da Fé; o Cruzado da Caridade; o Velador da Luz; o Guardião da Verdade; enfim, o tipo autêntico do cristão integral**.

Notas

1. Aqui vai uma observação digna de menção: todos os livros citados nos textos estarão no formato itálico, salvo os que pertencem à Bíblia como um todo.

2. Na tradição católica, muitos biblistas e exegetas do Cristianismo defendem o ano 10 como sendo o do nascimento do pregador intimorato. Nós, porém, baseando-nos no livro *Paulo e Estêvão*, Primeira Parte, capítulo IV, quando o Espírito Emmanuel afirma que no ano 35 "o jovem Saulo apresentava toda a vivacidade de um homem solteiro, bordejando os seus 30 anos", concluímos, através de um cálculo matemático simples, que o Convertido de Damasco nasceu no ano 5. Quanto à data de seu desencarne, justificá-la-emos no texto final deste livro.

3. Estamos nos referindo a *Saul* (pronunciado em hebraico), apropriado para um membro da tribo de Benjamin, pois Saul foi o primeiro rei de Israel e daquela tribo. Entretanto, neste livro não nos furtaremos, muitas vezes, de chamá-lo *Paulo*, uma vez que os cidadãos romanos deviam adotar sempre um nome latino, e parece natural que um Saul, por semelhança de pronúncia, escolhesse *Paulo*. E mais: há autores espirituais, como Emmanuel, que dividem o nome *Saulo* (antes de sua conversão) e o nome *Paulo* (depois de sua conversão). Em nossas narrativas, porém, o faremos de maneira anacrônica, justificando-nos que ele é, às vezes, chamado de Saulo, mesmo depois de seu despertar (de sua conversão) em Damasco (cf. At 12:25).

4. Há dúvidas sobre a autenticidade das Cartas escritas por Paulo. Abordaremos essa temática no último texto desta obra, ainda que pese a mensagem trazida nelas ser o mais importante para nós. E o leitor perceberá isso, à medida que for lendo a obra. Ademais,

é certo que Saulo escreveu mais cartas desse gênero, ultrapassando as 14 Epístolas conhecidas (cf. 1 Co 5:9; Cl 4:16; Fp 3:1).

5. A palavra *gentio* (em hebraico: *Goyim*; em português: *Goim*) refere-se a toda pessoa que não é judia, de outras religiões. Portanto, Paulo de Tarso pode ser considerado o apóstolo dos *Goim*.

6. O leitor perceberá, na leitura desta obra, que traremos alguns **apontamentos** do livro *Paulo e Estêvão*, **e não tentaremos interpretá-lo** (**comentá-lo**) conforme muitos assim o fazem. Nossa atitude não poderia ser diferente, porquanto a obra do Espírito Emmanuel, por si só, contêm detalhes, sobre o Saulo, jamais vistos em quaisquer literaturas do mundo.

Rápida biografia

Saulo nasceu na cidade helenizada de Tarso – colônia romana da Cilícia (At 22:3) com cerca de 500 mil habitantes. Atualmente, está no território da Turquia. Naquele tempo, Tarso era um notável empório comercial, ponto de intersecção de duas grandes culturas – a heleno-romana do Ocidente, e a semita-babilônica do Oriente. Situada nas fraldas do Taurus – as elevadas montanhas que dominam os extensos vales da Cilícia –, é Tarso regada pelo rio Cydnus (conhecida como a "Joia do Cidno ou Cydnus")[1] – local por onde subiam e desciam, na época, os navios do Mar Mediterrâneo. Sem falarmos de Atenas, na Grécia, e Alexandria, no Egito, era Tarso o mais importante centro de cultura helênica da época. Tarso era, enfim, uma cidade da província da Ásia, onde as armas de Roma dominavam os corpos, e a filosofia de Atenas empolgava os espíritos.

Saulo possuía cidadania romana. Isso se deu porque o general romano Pompeu (106-48 a.C.) incorporou Tarso ao Império Romano no século I a.C., transformando-a na capital da província da Cilícia, com o título de metrópole. Sendo assim, desde 66 a.C. seus habitantes receberam o direito de cidadania romana.

Sobre isso, o próprio Paulo afirma ser cidadão romano de nascimento. Vejamos:

> E, vindo o tribuno, disse-lhe: Dize-me, és tu romano? E ele [Paulo] disse: Sim. E respondeu o tribuno: Eu com grande soma de dinheiro alcancei este direito de cidadão. Paulo disse: Mas eu o sou de nascimento. (At 22:27-28.)

Provavelmente essa declaração indica que sua cidadania foi herdada de seu pai. Concedia-lhe alguns privilégios, dentre os quais podemos citar: I) a garantia do julgamento perante César, se exigido, nos casos de acusação; II) imunidade legal dos açoites antes da condenação; III) não poderia ser submetido à crucificação, a pior forma de pena de morte da época.

Pouco sabemos sobre a juventude de Paulo.[2] Ademais, ele não menciona nada sobre seus progenitores em suas "Cartas". Da mesma forma, Lucas, nos Atos dos Apóstolos, nada diz a respeito.[3]

Na obra *Paulo e Estêvão*, porém, de autoria do Espírito Emmanuel, psicografada por Francisco Cândido Xavier (1910-2002), no ano de 1942, lá vemos o nome Isaac (ou Isaque), citado uma única vez, por ocasião da ida de Paulo a Tarso depois que se converteu. É narrado com precisão, na Segunda Parte, capítulo III, o diálogo doloroso ocorrido entre o, então, ex-doutor da Lei e seu genitor.[4]

No entanto, vamos encontrar na obra *O Grande Amigo de Deus*, da escritora inglesa Taylor Caldwell (1900-1985), pormenores da personalidade de Saulo, chamado no livro, na forma hebraica, de Saul ben Hillel ("filho de Hillel"). Pois bem: em *O Grande Amigo de Deus*, a autora diz que o nome do pai do futuro apóstolo dos gentios era Hillel ben Borush (?-†) e sua mãe chamava-se Débora bas Shebua (?-†). Esta, segundo Taylor Caldwell, deu à luz aos 19 anos de idade. Seu pai tinha 25 anos de idade. Os dois eram de origem judia. O pai de Débora – Shebua ben Abraão (?-†) – era um saduceu rico, que morava em Jerusalém, e amigo íntimo de Herodes Antipas (20 a.C.-39) e Pôncio Pilatos (12 a.C-38).

Sua mãe – diz a autora – nunca teve muito afeto ao filho. Uma mulher chamada Gaia (?-†) foi a ama de leite que Débora utilizou para tal mister. Era a única criada grega que sua genitora tinha. A mãe de Paulo desencarnou em Tarso, depois de ser contaminada pela peste que assolou a cidade, uma vez que vários ratos contaminaram quase tudo. Não resistiu, mesmo aos cuidados de Aramis – um famoso médico egípcio que era amigo da família.

Saulo – também segundo Taylor Caldwell – tinha cabelos ruivos, rosto sardento e olhos azuis metálicos. Sua irmã mais nova, com diferença de um ano de idade apenas, chamava-se Séfora (?-†). Ela se casou aos 15 anos de idade, com Ezequiel ben Davi (?-†), filho de Clódia (?-†) – mulher justa, rigorosa e virtuosa – e de Davi ben Shebua. Este era irmão de Débora. Portanto, Séfora casou-se com seu primo. Débora tinha outro irmão, além de Davi, que morava em Jerusalém – Simão ben Shebua (?-†).

O Espírito Emmanuel, no livro *Paulo e Estêvão*, nada fala sobre as peripécias de Paulo, quando adolescente. Mas Taylor Caldwell diz que aos 15 anos de idade, Saul ben Hillel relacionou-se sexualmente com uma escrava que morava nos arredores de Tarso, que se chamava Dacyl (?-†), à época casada com Peleu (?-†) – escravo de confiança do romano Flávio Centório (?-†). Teve um filho desse relacionamento, cujo nome era Bóreas (?-†), mas só tomou conhecimento desse fato aos 28 anos de idade, quando foi a Tarso resolver as questões de herança que seu pai deixara.

Notas

1. Pela estrada ao longo do Cydnus, a história registra o trânsito, cheios de fé, dos belicosos cruzados, à reconquista da Terra Santa.
2. Sobre a infância e juventude de Paulo de Tarso, a única obra que conhecemos a tratar desses dois períodos de sua vida chama-se *O Grande Amigo de Deus*, de Taylor Caldwell.
3. Lucas é o autor dos Atos dos Apóstolos. Dele, encontram-se mais detalhes no livro *O Crucificado* (Editora AGE, 2021), de nossa autoria. Não fosse Lucas, o que saberíamos da vida, das vicissitudes e sofrimentos de Saulo? Lucas revela notável grau de cultura, e seus conhecimentos não se limitam à esfera profissional, pois também maneja com facilidade e elegância a terminologia técnica dos marinheiros da época, o que faz crer que tenha viajado muito.
4. Uma curiosidade digna de menção: a literatura *Paulo e Estêvão* foi escrita durante 8 meses, das 19:45h até 01:00h da madrugada, no porão de uma garagem do Sr. Rômulo Joviano (?-†) – Chefe da Repartição Pública (Fazenda Modelo da Inspetoria Regional do Serviço de Fomento da Produção Animal, na cidade de Pedro Leopoldo) em que Chico Xavier trabalhava. Foi o livro predileto do notável médium mineiro.

Rabban Gamaliel I e Estêvão

A primeira vez que Saulo foi a Jerusalém, tinha 16 anos. A viagem foi feita com seu pai, quando o navio atracou no Porto de Jope. Nesse período, em Jerusalém, foi acometido por uma intensa febre, depois de presenciar a crucificação de zelotes e essênios fora dos portões da cidade.[1]

A segunda vez que Saulo foi a Jerusalém, num acordo entre seu pai e o rabino Rabban Gamaliel I, o Ancião (?-37), tinha aproximadamente 20 anos de idade. Instalou-se na Rua dos Tendeiros. Era uma ladeira muito íngreme e mal calçada, embora limpa e pobre, com ambos os lados cheios de lojinhas, onde mercadorias toscas podiam ser compradas. Não acreditamos ser a "praça do mercado", que o Espírito Paciente Worth, por meio da médium norte-americana Pearl Lenore Curran, tanto enfatiza em seu livro *A História Triste*, dividido em três volumes: *Panda*, *Hatte* e *Jesus*.[2]

Malgrado, desde sua adolescência, Saulo foi instruído, **na cidade de Tarso**, por Rabban Gamaliel I. Vejamos:

> Quanto a mim, sou judeu, nascido em Tarso da Cilícia, e nesta cidade criado aos pés de Gamaliel, instruído conforme a verdade da lei de nossos pais, zeloso de Deus, como todos vós hoje sois. (At 22:3.)

O preceptor de Saulo, diz Taylor Caldwell, em sua obra *O Grande Amigo de Deus*, capítulo XII, diz que ele era:

> Um dos judeus mais nobres, era um homem muito baixo, com pouca imponência, mãos e pés diminutos. (...) Apesar da altura, que mal chegava à de uma mocinha, transpirava autoridade, dignidade, força e uma certa espiritualidade. (...) À primeira vista, não era uma fisionomia notável, nem patrícia, nem agradável. Era também pequena e ossuda, morena e dura, como a de um camponês. Havia gente

maldosa bastante para referir-se a ela como um rosto simiesco. (...) Sem dúvida, o espaço entre o nariz pequeno e arrebitado e a boca enorme, era anormalmente grande, o queixo pequeno e retraído, os lábios levemente protuberantes, a cabeça pequena coroada de cabelos pretos eriçados, que nem o pente nem a escova podiam domar. Não conseguiu deixar crescer uma barba impressionante; os pelos que surgiram em seu queixo eram esparsos e em tufos, como seus cabelos. Tinha orelhas de abano; sua testa não era imponente, mas baixa e estreita.

Era de olhos que sua grandeza se manifestava; grandes, cinzentos, como diamantes em seu fogo e resplendor, faiscantes como uma lâmina num momento, suaves como os de uma mulher no instante seguinte, saltitando com humor a uma frase adequada, duros como mármore diante da tolice e da malícia, exultantes ao pensar em Deus e vendo todas as coisas, mesmo quando parecia não estar vendo-as. Seus olhos conferiam-lhe uma beleza que não era da carne, mas a do espírito, e por isso os que o conheciam bem diziam que nunca antes alguém fora dotado com um ar tão maravilhoso, diante do qual a graça de uma mulher nada significava.

Dava a impressão de enorme vitalidade, de movimento constante e agitação, de postura enérgica, de reação imediata, de resistência imperecível. Era forte em todas as coisas, tinha uma voz de clarim, nítida, enfática, penetrante, e os que o ouviam pela primeira vez ficavam espantados, achando-a estridente e, mais tarde, muito eloquente.

Rabban Gamaliel I, "com a tolerância que o caracteriza" (Emmanuel, *Paulo e Estêvão*, Primeira Parte, cap. IV), é descrito nos Atos dos Apóstolos como benevolente para com os seguidores de Jesus, uma vez que já conhecia o trabalho realizado por eles. Vejamos um exemplo bem conhecido de sua sábia atitude:

> Então levantou-se no Sinédrio um fariseu chamado Gamaliel, mestre da Lei e estimado por todo o povo. Ele mandou que os acusados saíssem por um instante. Depois falou: "Homens de Israel, vede bem o que estais para fazer contra esses homens... Quanto ao que está acontecendo agora, dou-vos um conselho: não vos preocupeis com esses homens [Simão Pedro, João Boanerges, Filipe e Estêvão] e deixai-os ir embora. Porque, se este projeto ou esta atividade é de origem humana, será destruída. Mas, se vem de Deus, não conseguireis destruí-los. Não aconteça que vos encontreis combatendo contra Deus. (At 5:34-39.)[3]

Para conhecer um pouco da personalidade do jovem grego de Corinto Estêvão, narraremos um fato ocorrido em que esse jovem estava envolvido, e o Espírito Emmanuel, na obra *Paulo e Estêvão*, Primeira Parte, capítulo VII, apresenta-o em detalhes. Refere-se a um diálogo entre Gamaliel I e seu ex--discípulo (Saulo), cuja intenção deste último era apedrejar os cinco presos (Simão Pedro, João, Filipe e Estêvão), já que sua autoridade no Sinédrio previa tal ação, ainda que pese seu preceptor (Gamaliel I) não concordar com tal iniciativa. Vejamo-lo:

> [...] – Mas... e a minha autoridade? – interrogou o rapaz com orgulho. – Como conciliar a indulgência com a necessidade de reprimir o mal?
> – Toda a autoridade é de Deus. Nós somos simples instrumentos, meu filho. Ninguém se diminuirá por ser bom e tolerante. Quanto à providência mais digna, cabível no caso, é conceder liberdade a todos eles.
> – Todos? – perguntou Saulo, num gesto de grande admiração.
> – Como não? – confirmou o venerável doutor da Lei. – Pedro é um homem generoso, Filipe é um pai de família extremamente dedicado ao cumprimento de seus deveres, João é um moço simples, Estêvão se consagrou aos pobres.
> – Sim, sim – interrompeu o moço tarsense. – Concordo com a libertação dos três primeiros, com uma condição. Por serem casados, Pedro e Filipe poderão continuar em Jerusalém, restringindo suas atividades ao socorro dos doentes e necessitados; João será banido; mas Estêvão deverá sofrer a sentença decisiva. Já propus, publicamente, a lapidação, e não vejo motivos para transigir, mesmo porque, para escarmento, pelo menos um dos discípulos do carpinteiro deve morrer.
> Gamaliel compreendeu a força daquela resolução pela veemência das palavras que a traduziam. Saulo deixara bem claro que não transigiria, quanto ao taumaturgo. O velho rabino não insistiu. Para evitar um escândalo, entendeu que Estêvão pagaria com o sacrifício. Aliás, considerando o temperamento voluntarioso do ex-discípulo, a quem a cidade havia conferido atribuições tão vastas, já não era pouco obter demência para os três homens justos, consagrados ao bem comum. Compreendendo a situação, acentuou o respeitável rabino.
> – Pois bem, seja assim!

Por fim, depois de julgado pelo Sinédrio, Estêvão fora condenado à pena de morte pelo apedrejamento (cf. At 7:55-60). O jovem grego, nascido em Corinto, no ano 5, **desencarnou no ano 35**, e:

Eles gritaram com grande voz, taparam os seus ouvidos, e arremeteram unânimes contra ele. E, expulsando-o da cidade, o apedrejavam. E as testemunhas depuseram as suas capas aos pés de um jovem chamado Saulo. E apedrejaram a Estêvão, que em invocação dizia: Senhor Jesus, recebe o meu espírito. E, pondo-se de joelhos, clamou com grande voz: Senhor, não lhes imputes esse pecado. E, tendo dito isso, adormeceu. (At 7:57-60.)[4]
Uns homens piedosos foram enterrar Estêvão, e fizeram sobre ele grande pranto. (At 8:2.)

Que Espírito foi Estêvão! Nos anais do Cristianismo primitivo, são raras as almas com tanto amor no coração. Ele foi um:

Espírito cheio de graça e de poder que operava prodígios e grandes sinais entre o povo. (At 6:8.)

Narrar sobre sua vida, neste livro, seria incúria de nossa parte, porquanto não há obra como *Paulo e Estêvão*, neste orbe planetário, que melhor descreva, em detalhes, a vida desse primeiro mártir entre aqueles que seguiram Jesus, o Cristo.

Notas

1. À época, para adentrar em Jerusalém, toda cercada por muralhas, mister se fazia pagar uma taxa a um soldado romano, que, a seu turno, fazia vigia na porta de entrada da cidade.
2. O livro *A História Triste* só pôde chegar ao Brasil graças ao nobre pesquisador espírita Hermínio Corrêa Miranda (1920-2013), que o traduziu para o português.
3. Esta nota convida o leitor a conhecer um pouco mais a fundo a vida de Gamaliel. Para tanto, voltaremos no tempo. Ele teve um filho chamado Simão bem Gamaliel (?-†). E este foi o progenitor de Rabban Gamaliel II (?-114) – primeira pessoa a liderar o Sinédrio depois da queda do Segundo Templo de Jerusalém, no ano 70.
   O avô de Gamaliel foi o famoso e notável Beit Hillel (70 a.C.-10), em hebraico, ou Helil, em árabe, e Beit Schamai foram os responsáveis por conduzir a cultura judaica sob novos métodos acadêmicos, centrados no estudo e na interpretação das Escrituras.
   Foi a partir da época dos *Tannaim* (*Tanna*, em aramaico, significa *repetidores, professores*) que sábios rabínicos cujas opiniões são registradas na *Mishná* (é uma das principais obras do Judaísmo rabínico, e a primeira grande redação na forma escrita da tradição oral judaica, chamada a Torá Oral, de aproximadamente 10–220 d.C.), pas-

saram a receber o título de *rabi*, graças ao reconhecimento por sua contribuição prestada aos estudos.

Essas duas escolas (novos métodos acadêmicos, centrados no estudo e na interpretação das Escrituras), de Hillel e Schamai, se caracterizam pela divergência em matéria de leis normativas. A rivalidade entre elas tornou-se célebre pelas discussões registradas, mais tarde, no *Talmude* (significa: *estudo*. É o texto sagrado dos judeus, em que guardaram a tradição oral. Em outras palavras: é o estudo mais aprofundado do texto bíblico; a explicação de como se pôr em prática a Torá.).

Foram redigidos, quase que simultaneamente, dois Talmudes: um em Israel (o Hierosolimitano), escrito no século VI; e um na Babilônia (o Babilônico), no século V. Contudo, o texto de ambos é mais ou menos parecido, sendo que o Talmude Babilônico é considerado mais completo, e o mais comumente usado.

Usando técnicas da retórica para fazer as ideias de Hillel, sempre tolerante e complacente, prevalecerem sobre as de Shamai, considerado rigoroso e intransigente na interpretação, o *Talmude da Babilônia, Shabbat* 30^b-31^a (Trata-se de parte do Talmude, para o dia de descanso judaico), registrou:

[...] Nossos mestres ensinaram: "Um homem deveria sempre ser humilde e afável como Hillel e nunca ser intransigente e impaciente como Shamai..."
Aconteceu que um pagão se apresentou diante de Schamai e perguntou:
– Quantas Torot [pl. de Torá] tens?
– Schamai respondeu: Duas: a Torá Escrita e a Torá Oral.
– Ele disse: Quanto à Torá escrita, eu creio em ti; quanto à Torá Oral, não creio. Faz de mim um prosélito, sob a condição de me ensinares apenas a Torá escrita.
– Shamai enfureceu-se contra ele, e, irado, expulsou-o.
O pagão apresentou-se, então, diante de Hillel. Este o tornou prosélito. No primeiro dia, Hillel lhe ensinou: *Alef, Bet, gimel, dalet* [primeiras letras do alfabeto hebraico]. No dia seguinte, apresentou-lhe as coisas ao contrário.
– Disse o pagão: Mas ontem não me disseste isso!
– Hillel lhe disse então: Portanto, tu confias em mim? Confia também no que diz respeito à Torá Oral.
De novo, aconteceu que um pagão se apresentou diante de Schamai e disse:
– Faz de mim um prosélito, sob a condição de me ensinares toda a Torá enquanto me mantenho sobre uma perna só.
Schamai expulsou-o com um bastão de agrimensura que tinha na mão.
O mesmo pagão se apresentou diante de Hillel. Este o tornou prosélito.
– Disse o discípulo: Faz de mim um prosélito, sob a condição de me ensinares toda a Torá enquanto me mantenho sobre uma perna só.
– Hillel lhe disse: O que é odioso para ti, não o faças a teu próximo; isto, é toda a Torá e o resto não passa de comentário; agora, vai e estuda.

Algum tempo depois, esses pagãos que se tinham tornado prosélitos encontraram-se em um mesmo lugar e disseram:
– A intransigência impaciente de Shamai quis nos expulsar do mundo, mas a humildade de Hillel nos aproximou e nos conduziu sob as asas da Presença Divina.

Na obra *Estudos Espíritas*, do Espírito Joanna de Ângelis, psicografia de Divaldo Pereira Franco, o fato supracitado é contado da seguinte maneira:

Contam que um jovem sedento de afirmação espiritual procurou certa vez o pensador e sacerdote hebreu Schamai e o interrogou:
– Poderias ensinar-me toda a Bíblia durante o tempo em que eu possa quedar-me de pé, num só pé?
– Impossível! – respondeu-lhe o filósofo religioso.
– Então de nada me serve a tua doutrina – redarguiu o moço.
Logo após buscou Hillel, o famoso doutor, propondo-lhe a mesma indagação. O mestre, acostumado à sistemática da lógica e da argumentação, mas, também, conhecedor das angústias humanas, respondeu:
– Toma a posição.
– Pronto! – retrucou o moço.
– Ama! – elucidou Hillel.
– Só isso?! E o resto, que existe na Bíblia? – inquiriu, apressadamente.
– Basta o amor – concluiu o austero religioso. – Todo o restante da Bíblia é somente para explicar isso.

Seu avô, preocupado em deixar seus ensinamentos a seu neto, fê-lo um homem sábio – sendo caridoso, dando testemunho da Lei de Amor.

Hillel considerava Herodes, o Grande, um mal necessário, e foi nomeado por ele Presidente do Sinédrio, no ano 30 a.C. – cargo que ocupou até sua morte, ocorrida 40 anos depois, no ano 10.

Hillel viria a reencarnar, bem mais tarde, na personalidade do Infante português Dom Henrique de Avis (1394-1460) – a mais importante figura do início da era das descobertas, popularmente conhecido como Henrique de Sagres (cf. *Brasil, Coração do Mundo Pátria do Evangelho*, cap. IX, do Espírito Humberto de Campos).

Uma observação: o Judaísmo, a quem possa interessar, NÃO se original na Judeia, mas na Diáspora e seria transmitida à Terra Santa por três emissários da Babilônia: Neemias, Esdras e Hillel.

O contexto em que se passa a história de Neemias é problemático. Depois da morte do rei Salomão, filho de Davi, o povo hebreu se dividiu em Reino do Norte (Israel) e Reino do Sul (Judá). E nesses dois lugares, ao longo do tempo, os reis e os habitantes alternavam entre a obediência e a desobediência a Deus.

Neemias trabalhava como escanção (uma espécie de copeiro) do Rei Artaxerxes I, da Pérsia (?-424 a.C.). Um copeiro era responsável por preparar a mesa do palácio para as refeições. Além disso, era ele quem experimentava a bebida do rei para evitar que este fosse envenenado. Portanto, Neemias era uma pessoa de muita confiança.

Por volta de 445 a.c., a notícia de sua situação calamitosa chegou a Susa, a capital persa, e chocou a comunidade judaica que lá vivia (cf. Ne 1:2-3). Um dos líderes dessa comunidade era Neemias. Ao saber da humilhação da *Golah* em Jerusalém, cujos muros estavam destruídos, Neemias chorou durante vários dias, em penitência pelos pecados que seu povo e sua família cometeram e que foram a causa de todo aquele sofrimento. Depois suplicou ao Rei Artaxerxes I que o deixasse partir para o Reino do Sul (Judá) e reconstruir a cidade de seus ancestrais. O rei não só atendeu a sua súplica, como o nomeou *peha* (administrador, governador) de Judá, deu-lhe cartas de recomendação para outros governadores da região e permissão para usar madeira e outros materiais de construção existentes no parque real. Provavelmente esperava que Neemias conseguisse levar estabilidade a Judá: com um baluarte de confiança tão próximo do Egito, a segurança de seu império estaria garantida.

Para que o leitor se situe na linha do tempo, os Livros de Esdras e Neemias consistem numa série de documentos desconexos, que formavam um só livro. Mais tarde, um editor procurou organizar. Sendo assim, foram separados em 1.º e 2.º Esdras. Depois, o segundo recebeu o nome de Neemias. Com o passar do tempo, foram aparecendo de forma individual, separados, no Velho Testamento, e relatam acontecimentos entre 538 e 400 a.C. O tema central do livro é a organização da comunidade que se formou a partir da volta dos judeus exilados na Babilônia.

Salientamos que o "tal editor" faz Esdras (?-†) chegar a Jerusalém antes de Neemias. Entretanto, há bons motivos para situar a missão de Esdras numa data bem posterior (em 398 a.C.), sob o reinado de Artaxerxes II (?-358 a.C.). Exemplo: Neemias reprova todos os governantes anteriores de Jerusalém, e é impensável que incluísse Esdras nessa crítica. Ademais, quando Esdras – que liderou o segundo grupo de retorno de israelitas que retornaram da Babilónia – chega a Jerusalém, esta é populosa e próspera. Ora, situação que só desfrutou depois da atuação de Neemias, em seu desafio religioso de reconstruir as muralhas de Jerusalém, pois no Oriente Próximo a construção de fortificações constituía um dever sagrado. Tal desiderato foi executado em 52 dias. A tarefa não foi fácil, porquanto os construtores estavam sempre esperando um ataque. "Cada qual trabalhava com uma das mãos e com a outra segurava sua arma, pois cada um dos que construíam tinha sua espada à cinta..." (Ne 4:17-23).

4. O Espírito Emmanuel, no livro *Paulo e Estêvão*, Primeira Parte, capítulo VIII, diz que o apedrejamento do jovem de Corinto aconteceu no átrio do Templo de Jerusalém, e não fora dos muros da capital judaica, conquanto não especifique em qual dos Pátios ocorreu esse nefasto episódio. Mais a frente demonstraremos qual deles serviu para a desonrosa ação.

O Templo de Jerusalém

Vamos conhecer um pouco a arquitetura do Templo de Jerusalém – à época de Paulo de Tarso, localizado no Monte Moriá (Hoje Haramel-Sherif). Antes, porém, cabe ressaltar que nas solenidades de Páscoa e Pentecostes judaicas, o governador romano, que residia em Cesareia (marítima), vinha a Jerusalém e reforçava notavelmente o efetivo da guarnição militar na Torre Antônia (fig., 16) – baluarte encravado em um dos ângulos da muralha externa do Templo da capital judaica, construída por Herodes, o Grande (70-4 a.C.), em comemoração ao triúnviro Marco Antônio (83-30 a.C.). Desse castelo, abrangia-se todo o conjunto do Templo e suas áreas. Daí, descia uma larga escadaria comunicando-se, de imediato, com os diversos átrios do santuário, facultando, desse modo, uma imediata intervenção da autoridade em qualquer conflito, seja dos exaltados nacionalistas ou uma simples desordem nas ruas da cidade.

Três áreas, chamadas *átrios* ou *pátios*, cercavam o Templo de Jerusalém, sobrepondo-se em forma de terraço uma às outras. O Átrio (ou Pátio) dos Gentios (fig., 1), o mais baixo, corria ao longo da parte interna da muralha que circundava a área toda. Era proibido aos pagãos (*goim*, do grego), sob pena de morte, transporem o Átrio dos Gentios.

Para chegar ao Átrio (ou Pátio) das Mulheres (fig., 2), mister se fazia subir uma escada de 14 degraus de mármore, e, pela Porta Formosa lá adentrar. A Porta Dourada (ou Formosa), também chamada Porta de Susã (fig., 7), era localizada na muralha externa a leste do Templo. A Porta de Susã ficava próxima ao Pórtico de Salomão (fig., 8), do lado de fora do Átrio dos Gentios. Dessa porta não podia passar o elemento feminino. O Átrio das Mulheres era um vasto quadrilátero cercado de colunas, e onde se achava o grande cofre com 13 bocas em forma de trombeta. Foi numa dessas que ocorreu a passagem em que Jesus fala da viúva do gazofilácio (cf. Mc 12:41-44).

Templo da Época de Jesus

LEGENDA:
01. Pátio dos Gentios
02. Pátio das Mulheres
03. Pátio de Israel (dos homens)
04. Pátio dos Sacerdotes
05. Templo
06. Altar dos Holocaustos
07. Porta Dourada ou de Susã
08. Pórtico de Salomão
09. Portões de Hulda (porta tripla)
10. Portões de Hulda (porta dupla)
11. Átrio Real (basílica)
12. Arco de Robinson (e porta)
13. Porta de Barclay
14. Arco de Wilson (e porta)
15. Porta de Warren
16. Fortaleza Antônia
17. Porta das Ovelhas
18. Muro da Separação
19. Piscina de Israel

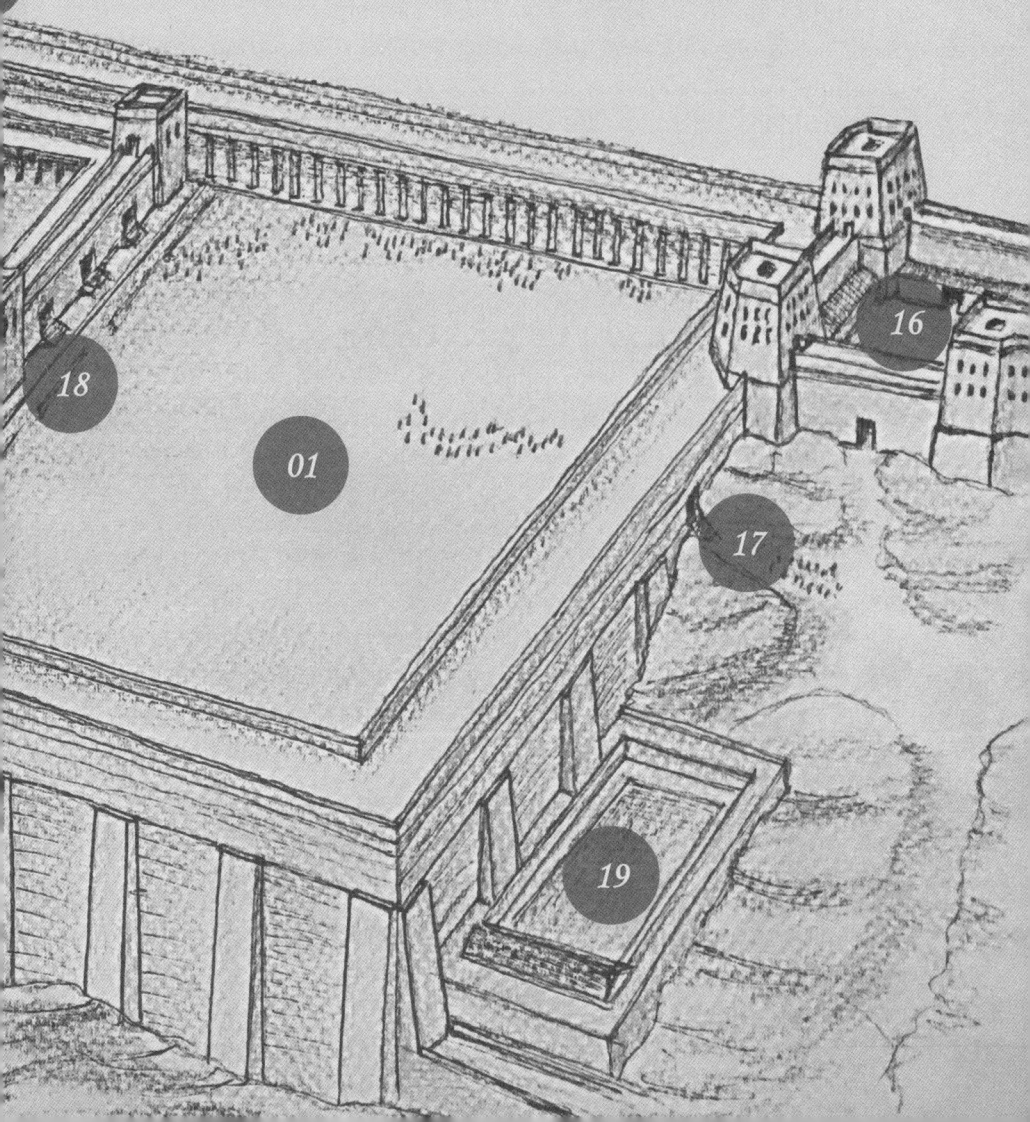

No Átrio (ou Pátio) dos Sacerdotes (fig., 4), localizado no terceiro terraço, achava-se o Templo propriamente dito (fig., 5), cercado das habitações dos serventuários do culto. À entrada do Templo se erguia o gigantesco Altar dos Holocaustos (fig., 6), onde se matavam e queimavam vítimas, e onde o povo podia entrar somente durante os sacrifícios matutinos e vespertinos.

O Clero

À época de Paulo de Tarso, Israel era puramente uma teocracia – ou seja, é o clero que compõe, primeiramente, a nobreza. No período em que não existe rei, o sumo-sacerdote em exercício é a personagem mais importante do clero e, com efeito, do povo. Somente ao sumo-pontífice era concedido, entre os mortais, penetrar em uma sala do Tabernáculo, e, mais tarde, no Templo de Salomão, de 5 m², chamada *Santo dos Santos*, onde ficava guardada a Arca da Aliança. Adentrar nesse recinto uma vez por ano, por ocasião do Dia das Expiações (cf. Ex 30:10; Lv 16:1-34; 23:26-32), significava estar diante de Deus, cuja dignidade se traduzia nas aparições divinas particulares com que era honrado o sumo-sacerdote. Desse modo, os detentores desse cargo tinham a faculdade de profetizar (cf. Jo 11:51).[1]

As regras de pureza do sumo-pontífice estendiam-se às prescrições ligadas ao seu casamento, porquanto só podiam desposar jovens virgens de 12 anos de idade, nascidas de um sacerdote, de um levita ou de um israelita de descendência legítima; não podiam se casar com viúvas e divorciadas. Temos o exemplo de José Caifás, o sumo-sacerdote que perseguiu Jesus e o levou ao malfadado julgamento: ele era casado com a filha do ex-pontífice Anás (cf. Jo 18:13). Houve, naturalmente, raros casos de sumos-sacerdotes casados com mulheres que não eram de descendência sacerdotal. Basta citar o rei asmoneu João Hircano (164-104 a.C.) e seu filho (que lhe era desafeto) Alexandre Janeu (125-76 a.C.).

Herodes, o Grande, nomeava e destituía sumos-sacerdotes a seu bel-prazer. E isso se sucedeu de tal maneira, que em 106 anos – isto é, desde o ano em que assumiu o reinado da Judeia (37 a.C.) até a destruição do Templo (70) –, houve 28 sumos-pontífices. Esse número, comparado ao período da Dinastia dos Asmoneus (de 115 anos), é bem superior, pois nesta somente oito sumos-sacerdotes foram instituídos.

O sacerdote de grau mais alto, depois do sumo-sacerdote, era o comandante (capitão) do Templo de Jerusalém (cf. At 4:1; 5:24), escolhido entre as famílias da aristocracia sacerdotal. Nas cerimônias anuais solenes – Dia das Expiações, Festa dos Tabernáculos e Páscoa –, ele se sentava à direita do sumo-pontífice, como lugar de honra, além de ser seu substituto no caso em que surgisse algum empecilho. Além da fiscalização do culto, o capitão do Templo de Salomão dispunha de força policial, podendo efetuar a prisão que lhe aprouvesse.

Paralelamente a essa aristocracia sacerdotal, encontravam-se os sacerdotes *comuns*, divididos em 24 turmas. Cada uma das turmas dividia-se em 4 a 9 classes de sacerdotes (seção cotidiana), espalhadas na Judeia e na Galileia, que cumpriam alternadamente uma semana de trabalho em Jerusalém, de sábado a sábado. Nas 24 semanas, e ainda nas três festas anuais de peregrinação, cada seção sacerdotal hebdomadária contava seguramente com 300 sacerdotes e 400 levitas (falaremos deles a seguir). Foi o chefe da seção semanal que recebeu o sacrifício de Maria de Nazaré (cf. Lc 2:24) quando os 40 dias da purificação dela, segundo a lei de Moisés, se cumpriram (cf. Lc 2:22).[2]

Os levitas, descendentes dos sacerdotes de postos altos, constituíam o baixo clero (*clerus minor*). Auxiliares do culto religioso do Templo, eram inferiores aos sacerdotes, e, como tais, não participavam do serviço sacrificial. Encarregavam-se da música do Templo (como cantores e músicos) e dos mais variados serviços inferiores do santuário, a saber: porteiros, guardiões, ajudavam os sacerdotes a vestir e despir suas roupas; nos dias de festa, preparavam a Torá para a leitura bíblica; cuidavam da limpeza, com exceção do átrio dos sacerdotes do qual estes mesmos se encarregavam. Os levitas repartiam-se em 24 seções hebdomadárias, revezando-se a cada semana para o serviço. Porém, era-lhes proibido, sob pena de morte, penetrar no edifício do Templo e chegar até o altar (cf. Nm 18:3).

Notas

1. Desde Moisés, pelo menos, praticou-se na Antiga Israel o Dia das Expiações. Cada ano, reunia-se o povo na esplanada do Templo de Salomão. O sumo-sacerdote colocava as mãos sobre a cabeça de um cabrito, transferindo para esse animal os pecados do povo. Ato contínuo, esse bode expiatório era tocado para o deserto e precipitado por um barranco abaixo, onde obviamente morria. Sendo assim, morriam todos os pecados da Antiga Israel. Um mensageiro do Templo de Jerusalém voltava, agitando uma

bandeira branca e exclamava: "Deus extinguiu os pecados de seu povo. Aleluia! Aleluia!" Com efeito, havia grande alegria: todos estavam como que *limpos* de seus pecados, quites com a justiça divina. Desde a destruição do Templo, no ano 70, e a dispersão dos judeus pelas províncias do Império Romano, terminou também a cerimônia do Dia das Expiações.

O Estado de Israel, criado em 1948, não voltou a praticar esse simbolismo. A teologia, porém, trazendo a ideia de que Deus possa ser ofendido por suas criaturas e incapazes de saldar suas dívidas, continua pregando que um único homem sem pecado (Jesus) pagou com sua morte (com sangue) os pecados da Humanidade. *Santa* ignorância, uma vez que, primeiramente, ninguém paga uma dívida que não é sua; não existe procuração para erro, pois, logicamente, seria um círculo vicioso. Ora, o Crucificado ensinou isso quando curou o cego de nascença, pedindo a ele que se lavasse no tanque de Siloé, na própria Jerusalém (Jo 9:1-41). A despeito disso, já havia tal ensinamento no Velho Testamento (Ez 18:20). Em segundo lugar, porque o pai da Escolástica, Tomás de Aquino, canonizado pela Igreja, parece que, mesmo sendo chamado *santo*, esqueceu as passagens sacras supracitadas. Basta ler um de seus poemas – *Adoro te devote*, composto especialmente para a solenidade de Corpus Christi, que diz bastar uma única gota do sangue de Jesus para "salvar todo o mundo e apagar todo pecado".

2. O chefe dos sacerdotes da seção hebdomadária colocava os impuros na Porta Dourada (Porta de Susã ou Porta Nicanor), localizada no lado oriental do Templo de Salomão (ver figura, 8, do Templo de Jerusalém). Os "impuros" que ele colocava designavam, de modo mais preciso, os leprosos, parturientes e mulheres suspeitas de adultério. Era um sacerdote que devia fazer a cerimônia de purificação dos leprosos (Lv 14:11), das mulheres que deram à luz (Lv 12:6) e das mulheres suspeitas de adultério (Nm 5:16).

Os fariseus

O primeiro sucesso dos fariseus (e talvez o maior de todos), ganhando notoriedade na Antiga Israel, deu-se nos seis anos de tumultos sangrentos e de guerras civis sob o governo do Rei da Judeia Alexandre Janeu, cujo mandato aconteceu entre os anos 103 a.C. e 76 a.C. A grande massa popular uniu-se aos fariseus, que contestavam a legitimidade dos sumos-sacerdotes asmoneus. Muitas vezes Janeu conseguiu estabelecer a paz, mas sempre a preço de sangue, pois a aversão do povo contra ele foi motivada por sua inimizade com os fariseus. Em seu leito de morte, aos 49 anos de idade, estando na fronteira dos gerasianos, quando sitiava a fortaleza de Ragaba, situada além do Jordão, Alexandre Janeu pediu à sua esposa, Salomé Alexandra (141-67 a.C.), que ocultasse a sua morte aos seus soldados até que aquela batalha fosse vencida, e depois voltasse vitoriosa a Jerusalém, procurando conquistar o afeto dos fariseus, dando-lhes alguma autoridade, a fim de que essa honra os induzisse a louvar publicamente, perante o povo, a magnanimidade dela (cf. Flávio Josefo, *Antiguidades Judaicas*, Livro XIII, cap. XXIII, § 565). E assim se fez. Resultado? Alexandra entrou triunfante em Jerusalém, cujas portas do Sinédrio lhes foram abertas, e, a partir daí, não mais houve oposição à família reinante. Apoiados no poder da única rainha judia durante a Dinastia dos Asmoneus, cujo exercício foi de 76 a.C. até 67 a.C., os fariseus tornaram-se, então, os verdadeiros chefes de Estado.

Contudo, após a morte de Alexandra, a força dos fariseus diminuiu. No governo de Herodes, o Grande, entre os anos 37 a.C. e 4 a.C., o poder dos fariseus manifestou grande extensão, conferindo-lhes todas as honras, já que os fariseus "foram os únicos aos quais tratou com consideração, para recompensá-los, porque durante o cerco eles haviam aconselhado o povo a recebê-lo" (Flávio Josefo, *Antiguidades Judaicas*, Livro XV, cap. I, § 628). Quando mais tarde os fariseus recusaram, unanimemente, prestar juramento de fidelidade ao rei idumeu e a Otávio Augusto César, Herodes I contentou-se apenas em impor-lhes uma multa pecuniária. Estranha atitude para um homem que mandava matar por muito menos. Isso prova a força que os fariseus exerciam sobre o povo; por sua vez, estavam prontos a declarar guerra ao rei e a prejudicá-lo.

Na época seguinte à morte de Herodes, o Grande, até o início da Primeira Revolta contra os romanos, em 66, os fariseus tiveram pouca influência na vida política do povo judeu, malgrado serem ouvidos durante as sessões do Sinédrio e tivessem relações com Herodes Antipas (cf. Mt 22:15-16; Mc 3:6; 12:13; Lc 13:31; Jo 7:32; 11:46).

Muito severos e conservadores, os fariseus tinham sua própria doutrina (cf. Mt 16:12). Sobre eles, o historiador Flávio Josefo, em *Antiguidades Judaicas*, Livro XIII, cap. IX, § 520), diz:

> Os fariseus atribuem certas coisas ao destino, porém nem todas, e creem que as outras dependem de nossa liberdade, de sorte que podemos realizá-las ou não.

E no Livro XVIII, cap. II, § 760, informa que:

> A maneira de viver dos fariseus não é fácil nem cheia de delícias: é simples. Eles se apegam obstinadamente ao que se convencem que devem abraçar. Honram de tal modo os velhos que não ousam nem mesmo contradizê-los. Atribuem ao destino tudo o que acontece, sem, todavia, tirar ao homem o poder de consentir. De sorte que, sendo tudo feito por ordem de Deus, depende, no entanto, da nossa vontade entregarmo-nos à virtude ou ao vício. Eles julgam que as almas são imortais, julgadas em um outro mundo e recompensadas ou castigadas segundo foram neste – virtuosas ou viciosas – e que umas são eternamente retidas prisioneiras nessa outra vida, e outras retornam a esta. Eles granjearam, por essa crença, tão grande autoridade entre o povo que este segue os seus sentimentos em tudo o que se refere ao culto de Deus e às orações solenes que lhe são feitas. Assim, cidades inteiras dão testemunhos valiosos de sua virtude, de sua maneira de viver e de seus discursos.

O recém-admitido à comunidade farisaica deveria observar as prescrições sobre a pureza (cf. Mt 15:1-2; 23:25-26; Mc 7:1-4; Lc 11:39-41) e o dízimo (cf. Mt 23:23; Lc 11:42; 18:12). No século I, existiram várias comunidades farisaicas em Jerusalém. Os evangelhos mostram que havia muitos fariseus na Galileia, na Judeia e em Jerusalém (cf. Mt 9:11,14; Lc 5:17). Flávio Josefo deixa a entender que existiam, no mínimo, 6 mil fariseus no tempo de Herodes, o Grande (cf. Flávio Josefo, *Antiguidades Judaicas*, Livro XVII, cap. III, § 726).

Ressaltamos que os próprios fariseus – entre eles mesmos e a grande massa – traçavam uma nítida separação de casta. Essa oposição entre os membros das comunidades farisaicas estava, especialmente, no abandono, pelo povo, das obrigações do dízimo e da pureza. Exemplo: comércio, casamento e comensalidade (hospedagem) com o fariseu suspeito de ser impuro, eram proibidos (cf. Mt 9:11; Mc 2:16; Lc 5:30; 15:2).

Ainda salientamos que os fariseus, com seu código de observância exterior, eram o único partido com que Jesus, o Cristo, se mostrava realmente intolerante, e, com efeito, os advertia em todas as oportunidades. Um fariseu consciencioso à época de Jesus (e de Paulo de Tarso) tinha de atender a um enorme número de detalhes exteriores, todos os dias, antes de sentir que estava satisfazendo as exigências divinas.

Diz Emmanuel, na obra *Vinha de Luz*, capítulo CLXI:

> Os escribas e fariseus não eram criminosos, nem inimigos da Humanidade. Cumpriam deveres públicos e privados. Respeitavam as leis estabelecidas. Reverenciavam a Revelação Divina. Atendiam aos preceitos da fé. Jejuavam. Pagavam impostos. Não exploravam o povo. Naturalmente, em casa, deviam ser excelentes mordomos do conforto familiar. Entretanto, para o Emissário Celeste a justiça deles deixava a desejar. Adoravam o Eterno Pai, mas não vacilavam em humilhar o irmão infeliz. Repetiam fórmulas verbais no culto à prece, todavia não oravam expondo o coração. Eram corretos na posição exterior, contudo não sabiam descer do pedestal de orgulho falso em que se erigiam, para ajudar o próximo e desculpá-lo até o próprio sacrifício. Raciocinavam perfeitamente no quadro de seus interesses pessoais, todavia eram incapazes de sentir a verdadeira fraternidade, suscetível de conduzir os vizinhos ao regaço do Supremo Senhor. Eis por que Jesus traça aos aprendizes novo padrão de vida.

Eram, a quem possa interessar, no mínimo, 600 o número desses detalhes, e, como é evidente que nenhum ser humano poderia observar tudo isso na prática, o resultado natural era que a pessoa, sabedora de não estar cumprindo com todos os deveres, deveria necessariamente viver em uma crônica sensação de estar em pecado. Ora, acreditar que se peca é, para fins práticos, pecar, com todas as consequências decorrentes dessa condição.

Ora, a atitude de Jesus contrasta com isso, porque seu objetivo é, antes, evitar que a pessoa se apoie em coisas exteriores, seja para sua gratificação, seja para sua salvação espiritual. Disse Jesus:

> Se a vossa justiça não exceder a dos escribas e fariseus, de modo algum entrareis no Reino dos Céus. (Mt 5:20.)

E mais:

> Acautelai-vos, primeiramente, do fermento dos fariseus. (Lc 12:1.)

E foi a audácia, sem par, do Cordeiro de Deus – brotada do inigualável poder que a consciência de Sua soberania lhe dava, quando se dirigia principalmente aos fariseus, publicamente e sem receio, o apelo ao arrependimento –, que O levou ao madeiro da infâmia, cujo corpo balançava como um trapo ao vento.

O Sinédrio

O Sinédrio – Assembleia Suprema do judaísmo pós-exílio babilônico – era composto de 71 membros, divididos em três grupos: os chefes dos sacerdotes, que, representados na pessoa do sumo-sacerdote, escolhiam o presidente do Sinédrio, os escribas e os anciãos. Estes últimos representavam uma nobreza, por assim dizer, *leiga*. Eram chefes das famílias *leigas* mais influentes (patrícias), conhecidos como os *principais do povo* (cf. Lc 19:47). Os anciãos eram, em grande parte, saduceus. Aliás, os últimos asmoneus e as famílias da aristocracia pontifícia ilegítima (não hereditária, ou seja, depois do ano 37 a.C.), ao contrário da multidão dos sacerdotes, conservavam, em sua maioria, ideias saduceias. José Caifás era saduceu (cf. At 5:17). Os chefes dos sacerdotes também eram, em geral, saduceus. Vamos demonstrar, a seguir, essa assertiva.

Paulo de Tarso era fariseu; quando compareceu diante do Sinédrio para ser julgado, ele sabia que a Assembleia se dividia em dois grupos: saduceus e fariseus (cf. At 23:6). No dia seguinte, uma conspiração fanática é armada contra a vida do apóstolo dos gentios, e ganha parceria dos "chefes [principais] dos sacerdotes e dos anciãos" (At 23:12-14). Quem seriam esses que aceitaram o acordo de matar o ex-rabino? Ora, se Paulo era fariseu, só pode se tratar do grupo de saduceus do Sinédrio. Posto isso, os chefes dos sacerdotes, os sumo-sacerdotes (nobreza sacerdotal) e os anciãos (nobreza leiga) formam o partido dos saduceus. A quem possa interessar, José de Arimateia (cf. Mt 27:57; Mc 15:43), não designado nem como *sacerdote* nem como *escriba*, pertencia ao grupo dos anciãos do Sinédrio. Inclusive, é chamado de *senador* (cf. Lc 23:50-51). O corpo de Jesus, reclamado a Pilatos por esse homem rico, foi colocado em sua propriedade (cf. Mt 27:59-60; Jo 19:41).

Mas quem eram os saduceus? A opinião, assaz difundida, de que eles, juntamente com os fariseus, **eram um partido clerical, que se recrutava nos círculos dos sacerdotes de alta classe, é equivocada.** Constituíam, em verdade, **co-**

munidades organizadas e fechadas, com condições para admitir novos membros e com observâncias firmemente estabelecidas. Os fariseus e os saduceus, diferentemente dos essênios, não rejeitavam a comunidade do povo.

Flávio Josefo, em *Antiguidades Judaicas*, Livro XIII, cap. IX, § 520, assegura que:

> [...] os saduceus, ao contrário [dos fariseus], negam absolutamente o poder do destino, dizendo que ele é uma quimera e que as nossas ações dependem tão absolutamente de nós que somos os únicos autores de todos os bens e males que nos acontecem, conforme seguimos um bom ou um mau conselho.

E no Livro XVIII, cap. II, § 760, diz que:

> [...] a opinião dos saduceus é que as almas morrem com os corpos e que a única coisa que somos obrigados a fazer é observar a lei, sendo um ato de virtude não tentar exceder em sabedoria os que a ensinam. Os adeptos dessa seita são em pequeno número, mas ela é composta de pessoas da mais alta condição. Quase sempre, nada se faz segundo o seu parecer, porque quando eles são elevados aos cargos e às honras, muitas vezes contra a própria vontade, são obrigados a se conformar com o proceder dos fariseus, pois o povo não permitiria qualquer oposição a estes.

Agora, iremos examinar esta nova classe superior que, desde o início do século I até a destruição do Templo de Jerusalém, no ano 70, atingiu a supremacia – os escribas. Entre eles, encontram-se os sacerdotes do alto clero, tais como Paulo de Tarso e Flávio Josefo – ambos escribas fariseus. Entre os membros do baixo clero, temos como um dos exemplos o ex-levita Barnabé, principal companheiro de Paulo de Tarso em suas viagens, que era "profeta e doutor [da Lei] das primeiras comunidades cristãs" (At 13:1). **Mas a grande massa dos escribas de Jerusalém é composta de pessoas de todas as outras camadas do povo.**

O *saber* é o único fator do poder dos escribas, e não sua descendência nobre ou sua profissão. Aqueles que desejassem se tornar parte da corporação dos escribas, deveriam seguir um ciclo regular de estudos por alguns anos; e isso se dava desde tenra idade. É o que ensina Flávio Josefo, pois desde os 14 anos de idade dominava a interpretação da Lei (cf. *Vita*, 2, § 9.º), tornando-se, com isso, um *doutor não ordenado*, já que somente depois dos 40 anos de idade é que se podia, pela ordenação, ser recebido na corporação dos *doutores da Lei* como membro legítimo – ou seja, como *doutor ordenado*. Este, a seu turno, estava autorizado a resolver, por si mesmo, as questões de legislação religiosa, a ser juiz em processos criminais e dar pareceres nos processos civis, seja como membro de uma corte de justiça (o Sinédrio, como exemplo), seja individualmente. Em suma: passava a receber o título de *rabi* (mestre). Imaginemos agora Jesus: todos ficaram embasbacados com Ele, que, desprovido de formação rabínica, "conhecia as letras" (Jo 7:15). E não poderia ser diferente: o Crucificado não era um *doutor ordenado*, pois estamos diante Daquele que fora o *Rabi* dos *rabis*!

Já narramos alhures que, à exceção dos chefes dos sacerdotes e dos membros das famílias patriarcais (anciãos), os escribas eram os únicos a poderem ingressar na Assembleia Judaica Suprema. Pois bem: **o partido fariseu do Sinédrio compunha-se inteiramente de escribas**. Em o Novo Testamento o grupo farisaico do Sinédrio é designado como *fariseus* ou *escribas*, jamais aparecendo uns ao lado dos outros como grupos diferentes da Assembleia Judaica Suprema. Vejamos:

Os príncipes [chefes] dos sacerdotes e os fariseus. (Mt 21:45.)
Os principais [chefes] dos sacerdotes e os escribas. (Lc 20:19.)

Em outras palavras: **todo fariseu, dentro do Sinédrio, era escriba; mas nem todo escriba, dentro do Sinédrio, era fariseu, porque lá também havia escribas saduceus**. Aqui vão alguns exemplos de nomes conhecidos nos livros neotestamentários: Nicodemos era um escriba fariseu que fazia parte do Sinédrio (cf. Jo 3:1.); Gamaliel outro deles (cf. At 5:34); Paulo de Tarso fora juiz (poder dado aos escribas) inclemente do Sinédrio (cf. At 26:10-12).

Tamanho encanto tinham os escribas sobre o povo, que até mesmo nas sinagogas os primeiros lugares lhes eram reservados (cf. Mc 12:38-39; Lc 20:46), ocupando espaço de honra; sentavam-se de costas para o armário da Torá, olhando a assistência, e ficavam visíveis a todos. Mas qual o verdadeiro motivo da influência dos escribas na sociedade? Não era somente porque eles tinham conhecimento exato da Lei e eram capazes de interpretar toda a força das Sagradas Escrituras, tornando-se, com efeito, *sábios* (cf. Flávio Josefo, *Antiguidades Judaicas*, Livro XX, cap. IX, § 866). O prestígio dos escribas no meio da plebe se deve, principalmente, por serem eles portadores de uma ciência secreta. Com efeito, eram venerados por toda parte e conservados com um temor supersticioso.

O *modus operandis* da tradição esotérica entre os escribas acontecia da seguinte maneira: as conversações eram particulares entre mestre e discípulo; versavam sobre teosofia e cosmogonia, falando em voz baixa (tradição oral) quando abordavam temas como a criação do mundo (cf. Gn 1:1-31) e a visão do carro (cf. Ez 1:1-25). Nos instantes desses ensinamentos, cobriam a cabeça por temor diante do segredo do ser divino. Assuntos sobre a eternidade antes da criação do mundo, sobre a própria criação, sobre os acontecimentos escatológicos, sobre a topografia cósmica do mundo celeste e subterrâneo, faziam parte da tradição esotérica dos escribas.

Exemplo: a intenção de Nicodemos (um escriba fariseu) ao se encontrar com Jesus à noite, fora dos muros de Jerusalém, era receber Dele alguns ensinamentos a respeito dos últimos segredos do Reino de Deus (cf. Jo 3:1-10). Outro exemplo: Paulo de Tarso (um escriba fariseu) teve uma experiência fora do corpo quando visitou o *sétimo céu* (cf. 2 Co 12:1-7), mas o ensinamento perfeito somente deve ser revelado àqueles que são capazes de compreendê-lo (cf. Hb 5:14; Cl 2:2-3). A partir do século II, porém, uma luta contra os livros neotestamentários levou os judeus a lhes oporem uma interpretação paralela do Antigo Testamento, sob a forma escrita da Torá oral (ou seja, da tradição esotérica), tornando-a acessível a todos.

Em tempo, aqui vai algo digno de menção: já asseveramos que na estrutura jurídica do Sinédrio havia escribas fariseus e escribas saduceus. Mas como entender os escribas e os fariseus nas passagens evangélicas? Primeiramente, não devem ser confundidos, na vida social, como sendo dois grupos iguais, embora seja essa a designação global reunida no capítulo XXIII do Evangelho de Mateus (exceção feita ao v. 26) – "Ai de vós, escribas e fariseus, hipócritas!" No entanto, sob um olhar mais percuciente, percebe-se que o discurso paralelo de Jesus se divide em duas partes: I) dirigindo-se contra os escribas (vv. 1-22); II) dirigindo-se aos fariseus (vv. 23-28). Já o evangelista Lucas permite evitar conclusões equivocadas (cf. Lc 11:38-52), estabelecendo nítida separação entre escribas e fariseus (homens das práticas da pureza e do dízimo). Detalhe importantíssimo: um erro introduziu-se na tradição lucana (no versículo 43), em que a censura feita pelo Crucificado, do desejo ambicioso de ocupar os primeiros lugares nas sinagogas, foi dirigida aos fariseus. Mas, uma tradição paralela, dentro do próprio Evangelho de Lucas (cf. 20:46), faz a corrigenda que, inclusive, está em consonância com o Evangelho de Marcos (cf. 12:38-39).

Às portas de Damasco, até Antioquia

O Espírito Emmanuel, no livro *Paulo e Estêvão*, capítulo IX, diz que:

desde o martírio de Estêvão, agravara-se em Jerusalém o movimento de perseguição a todos os discípulos ou simpatizantes do "Caminho". Como se fora tocado de verdadeira alucinação, ao substituir Gamaliel nas funções religiosas mais importantes da Cidade, Saulo de Tarso deixava-se fascinar por sugestões de fanatismo cruel.[1]

Acrescentamos que o estado emocional de Saulo não estava articulado, pois sua noiva, Abigail, havia desencarnado recentemente. Esse fato foi como uma punhalada no coração do doutor da lei, agravando ainda mais suas ações desprezíveis.[2]

Agora, que se tornara um rabino, porque substituiu Rabban Gamaliel I, seu mestre, nos assuntos do Sinédrio, Saulo demandou ordens, a fim de procurar aquele homem que havia pregado a Boa Nova pelas terras de Jope e de Jerusalém. Ananias havia atraído muitos interessados em conhecer o Evangelho libertador.

O ex-discípulo de Gamaliel I precisou torturar um cristão que sabia o paradeiro do pregador, e, logo recebida a informação de que se encontrava Ananias em Damasco, conseguiu cartas de habilitação para agir ilimitadamente, conforme lhe melhor conviesse, em cooperação com as sinagogas da cidade, na busca de todos os adeptos do Crucificado – homens, mulheres e crianças, que naquela cidade encontrasse.[3]

Eram os primeiro meses do ano 36. No dia combinado, a fulminante caravana, composta de dois varões respeitáveis, Jacob (?-†) e Demétrio (?-†), na qualidade de servidores e muito amigos de Saulo, estimulava as cavalgaduras. Velozes, deslizavam com seus camelos sobre as brancas areias do deserto da Síria. Saulo ia à frente de todos, em atitude dominadora.

Às portas de Damasco, acreditamos que o leitor já saiba o que aconteceu com Saulo (cf. At 9:1-7). Os pormenores, jamais exarados em alguma literatura, são descritos no livro *Paulo e Estêvão*, Primeira Parte, capítulo X, que, desde já, convidamos aqueles que ainda não conhecem a obra supracitada assim o façam.

Saulo, quando já se encontrava perto de Damasco, entra em estado alterado de consciência (ou seja, emancipado do corpo físico), tombando do camelo, e viu-se cercado por uma luz que vinha do céu, cuja claridade era mais alva que o próprio Sol. Resultado: enxerga Jesus transfigurado a dizer-lhe:

> [...] "Saul, Saul, por que me persegues?" Saulo perguntou: "Quem és tu, Senhor?" A voz respondeu: "Eu sou Jesus, a quem tu estás perseguindo. Agora, levanta-te, entra na cidade, e ali te será dito o que deves fazer". Os homens que acompanhavam Saulo ficaram mudos de espanto, porque ouviam a voz, mas não viam ninguém. Saulo levantou-se do chão e abriu os olhos, mas não conseguia ver nada. Então tomaram-no pela mão e o fizeram entrar em Damasco. Saulo ficou três dias sem poder ver [enxergar]. E não comeu nem bebeu. (At 9:3-9.)[4]

Ato contínuo, o Crucificado lhe pede que procure um homem chamado Ananias – aquele mesmo que o Saulo estava perseguindo. Em seguida, Jesus procura Ananias, diretamente, pois o pregador era médium clarividente, enviando-o a socorrer aquele que se convertera a novo discípulo (cf. At 9:10). Ananias vai visitá-lo em uma hospedaria, cujo dono chamava-se Judas – homem sério, circunspecto, honrado, educado. Era banqueiro e negociante; portanto, rico e respeitável da antiga cidade de Damasco. Era uma pensão singela, localizada à Rua Direita (cf. At 9:11). Lá chegando:

> Impondo-lhe as mãos, disse: Irmão Saulo, o Senhor Jesus, que te apareceu no caminho por onde vinhas, me enviou, para que tornes a ver e sejas cheio do Espírito Santo. E logo lhe caíram dos olhos como que umas escamas, e recuperou a vista; e, levantando-se, foi batizado [para a nova fé no Cristo Jesus]. (At 9:17-18.)

Observe, caro leitor: o Cordeiro de Deus, utilizando a instrumentalidade de Ananias, não curou senão os olhos de Saulo, restituindo-lhe o dom de enxergar. Tanto é verdade que ele sente que lhe caem escamas dos órgãos visuais e, desde então, oferece-se ao trabalho do Cristo Jesus.

Ora, assim devemos nos assemelhar! Quando vier o nosso despertar (se é que não já veio para a maioria daqueles que nos leem), não olvidemos que **o Filho do Homem apenas permite que nos devolvam os olhos (da alma), a fim** de que, vendo claramente, entremos no caminho do sacrifício, extraindo, por nós mesmos, as demais escamas que nos obscurecem as outras zonas do ser.

Perguntar-se-ia: o que acontecera com Saulo, depois que recebeu o batismo de Ananias? Vejamos o que se encontra exarado no Novo Testamento:

> E, tendo comido, ficou confortado. E esteve Saulo alguns dias com os discípulos que estavam em Damasco. E logo nas sinagogas pregava a Cristo que este é o Filho de Deus. (At 9:19-20.)

Segundo Emmanuel, na obra *Paulo e Estêvão*, Segunda Parte, capítulo I, a ordem dos acontecimentos, bem como os dias em que o convertido de Damasco permaneceu na capital da Síria, é bem diferente do que relatam os Atos dos Apóstolos, que citamos acima.

Em verdade, encontramos no livro *Paulo e Estêvão* que, logo no dia seguinte em que Saulo voltou a enxergar, foi direto à sinagoga de Damasco revelar sua nova crença nas alvíssaras do Crucificado, cujo intermediário foi seu amigo rabino chamado Sadoc. Obviamente não fora compreendido por seus companheiros judeus conservadores, e, com efeito, sua primeira tentativa apostólica resultou nula e contraproducente. Portanto, pisou apenas UM DIA na sinagoga da cidade. No dia seguinte à inglória pregação, como não havia na capital siríaca uma igreja propriamente dita, dirigiu-se juntamente com Ananias a um local que:

> [...] contava numerosos crentes irmanados pelo ideal religioso do "Caminho". O núcleo de orações era em casa de uma lavadeira humilde, companheira de fé, que alugava a sala para poder acudir a um filho paralítico. (Emmanuel, *Paulo e Estêvão*, Segunda Parte, cap. I.)

Desse modo, Paulo de Tarso permanecera em Damasco, depois de ser curado por Ananias (primeiro dia), apenas mais DOIS DIAS. Mas para onde Saulo foi depois de Damasco? Segundo o Espírito Emmanuel, no livro *Paulo e Estêvão*, Segunda Parte, capítulo I, ele foi para a cidade de Palmira, e, de lá, para o deserto da Síria, onde ficou hospedado na casa de dois seguidores de Jesus – Áquila (?-†) e Prisca (?-†) –, que eram funcionários de Ezequiel (?-†), irmão de Rabban Gamaliel I, o qual lhe dera o emprego de tecelão.[5]

O mais estranho é que o próprio Paulo escreve que foi para o deserto da Arábia e não o da Síria, conforme narra Emmanuel. Vejamos:

Nem tornei a Jerusalém, a ter com os que já antes de mim eram apóstolos, mas parti para a Arábia, e voltei outra vez a Damasco. (Gl 1:17.)

Mas a contradição é apenas aparente, pois o termo *Arábia* comportava, nesse tempo, um sentido amplo – **abrangia toda a Península Arábica e se estendia até Damasco, e, além, até as águas do Rio Eufrates.**
Continuemos, porém, nosso raciocínio. **Em 37**, um pouco mais de um ano depois da chegada de Paulo no oásis, seu ex-preceptor (Rabban Gamaliel I), que morava em Palmira, na casa de seu irmão (Ezequiel), desencarna.[6]
Pois bem. **Seguindo a ordem cronológica dos fatos**, somente depois de passados três anos no deserto, Paulo volta para Damasco (o ano é 39) e prega o Evangelho de Jesus na sinagoga da cidade (cf. At 9:20), e:

Tendo passado muitos dias, os judeus tomaram conselho entre si para o matar. Mas as suas ciladas vieram ao conhecimento de Saulo; e como eles guardavam as portas, tanto de dia como de noite, para poderem tirar-lhe a vida. Tomando-o de noite os discípulos o desceram, dentro de um cesto, pelo muro. (At 9:23-25; 2 Co 11:32-33.)

Da fuga de Damasco, vai a Jerusalém para ver Simão Pedro. A viagem da capital da Síria à capital da Judeia, segundo Emmanuel (no livro *Paulo e Estêvão*), **não exigia menos de uma semana.** Paulo viajou em torno de oito a dez dias, passando por Cafarnaum e dormindo uma das noites em Nazaré (cf. *Paulo e Estêvão*, cap. III). Ele fica em Jerusalém (cf. At 9:26) **por 15 dias** (cf. Gl 1:18). De início, o ex-rabino arruma uma hospedaria, e, no dia seguinte, Barnabé, irmão de Maria de Jerusalém (mãe do evangelista João Marcos), vai buscá-lo (e é ali, na capital judaica, que os dois se conhecem) para a oitiva com Pedro, na "Casa do Caminho".
Dali, de Jerusalém, Paulo parte para Tarso pela Cesareia marítima (cf. At 9:30; Gl 1:21), ficando em sua cidade natal (entre 39 e 42), até que um dia, inesperadamente, seu amigo fiel e dedicado Barnabé vai até Tarso chamá-lo para ir à cidade de Antioquia – a mais importante do império dos Césares, depois de Roma e Alexandria (cf. At 11:25). O ex-levita havia vendido suas terras em Chipre e doou o dinheiro para a Igreja de Jerusalém (cf. At 4:36-37). Barnabé era o coordenador (no plano físico) daquela comunidade. E não poderia ser diferente: ele, por ter nascido na atmosfera livre de Chipre, afeito à convivência com toda a espécie de povos, era um homem culto, tolerante, criterioso, e,

ainda por cima, um homem de porte esbelto e maneiras simpáticas. Portanto, era um missionário ideal para essa tarefa.[7]

A razão detalhada de tal convite feito a Paulo somente pode ser lida na obra *Paulo e Estêvão*, Segunda Parte, capítulo IV. Vejamos:

> [...] O ex-levita de Chipre [Barnabé] encontrava-se em Antioquia, a braços com sérias responsabilidades. A igreja ali fundada reclamava a cooperação de servos inteligentes. Inúmeras dificuldades espirituais a serem resolvidas, intensos serviços a fazer. A instituição fora iniciada por discípulos de Jerusalém, sob os alvitres generosos de Simão Pedro. O ex-pescador de Cafarnaum ponderou que deveriam aproveitar o período de calma, no capítulo das perseguições, para que os laços do Cristo fossem dilatados. Antioquia era dos maiores centros operários [contendo um bom número de discípulos do Nazareno, judeus que aderiram aos ensinamentos do Crucificado, que a perseguição religiosa, chefiada por Saulo, lançara a essas plagas. Eram comerciantes, nômades caravaneiros de todos os pontos cardeais tinham espalhado em Antioquia, e seus arredores, os primeiros germes do Evangelho de Jesus]. Não faltavam contribuintes para o custeio das obras, porque o empreendimento grandioso tivera repercussão nos ambientes de trabalho mais humildes; entretanto, escasseavam os legítimos trabalhadores do pensamento. Ainda, aí, entrou a compreensão de Pedro para que não faltasse ao tecelão de Tarso o ensejo devido. Observando as dificuldades, depois de indicar Barnabé para a direção do núcleo do "Caminho", aconselhou-o a procurar o convertido de Damasco, a fim de que sua capacidade alcançasse um campo novo de exercício espiritual.
>
> [...] A instituição de Antioquia era, então, muito mais sedutora que a própria igreja de Jerusalém. Vivia-se ali num ambiente de simplicidade pura, sem qualquer preocupação com as disposições rigoristas do judaísmo.
>
> [...] Foi aí que surgiu, certa vez, um médico muito jovem, de nome Lucas. De passagem pela cidade, aproximou-se da igreja animado por sincero desejo de aprender algo de novo. Sua atenção fixou-se, de modo especial, naquele homem de aparência quase rude, que fermentava as opiniões, antes que Barnabé empreendesse a abertura dos trabalhos. Aquelas atitudes de Saulo, evidenciando a preocupação generosa de ensinar e aprender simultaneamente, impressionaram-no a ponto de apresentar-se ao ex-rabino, desejoso de ouvi-lo com mais frequência.[8]

Desembarcaram em Selêucia, e, sem detença, depois de cinco ou seis horas de caminhada pelas rampas rochosas das montanhas do litoral, avistaram Antioquia. Esta havia sido uma cidade fundada por Antíoco (324-261 a.C.) – general de Alexandre, o Grande (356-323 a.C.) –, como capital do seu império, no final do século IV a.C. Estava a poucos quilômetros do Mediterrâneo, no final da rota da seda, que ia até a China. Tendo sido capital do império selêucida, tornou-se, a partir de 64, capital da província romana da Síria.

O Espírito Emmanuel, na obra *Paulo e Estêvão*, Segunda Parte, capítulo IV, relata sobre esse período inicial de convivência com os irmãos fraternos de Antioquia, assim narrando:

> [...] Geralmente, eram Barnabé e Manahen os pregadores mais destacados, ministrando o Evangelho às assembleias heterogêneas. Saulo de Tarso limitava-se a cooperar. Ele mesmo notara que Jesus, por certo, recomendara absoluto recomeço em suas experiências. Certa feita, fez o possível por conduzir as pregações gerais, mas nada conseguiu. A palavra, tão fácil noutros tempos, parecia retrair-se-lhe na garganta. Compreendeu que era justo padecer as torturas do reinício, em virtude da oportunidade que não soubera valorizar. Não obstante as barreiras que se antepunham às suas atividades, jamais se deixou avassalar pelo desânimo. Se ocupava a tribuna, tinha extrema dificuldade na interpretação das ideias mais simples. Por vezes, chegava a corar de vergonha ante o público, que lhe aguardava as conclusões com ardente interesse, dada a fama de pregador de Moisés, no Templo de Jerusalém. Além disso, o sublime acontecimento de Damasco cercava-o de nobre e justa curiosidade. O próprio Barnabé, várias vezes, surpreendera-se com a sua dialética confusa na interpretação dos Evangelhos e refletia na tradição do seu passado como rabino, que não chegara a conhecer pessoalmente, e na timidez que o assomava, justo no momento de conquistar o público. Por esse motivo, foi afastado discretamente da pregação e aproveitado noutros misteres. Saulo, porém, compreendia e não desanimava. Se não era possível regressar, de pronto, ao labor da pregação, preparar-se-ia, de novo, para isso. Nesse intuito, retinha irmãos humildes na sua tenda de trabalho e, enquanto as mãos teciam com segurança, entabulava conversas sobre a missão do Cristo. À noite, promovia palestras na igreja com a cooperação de todos os presentes. Enquanto não se organizava a direção superior para o trabalho das assembleias, sentava-se com os operários e soldados, que compareciam em grande número. Interessava a atenção das lavadeiras, das jovens doentes, das mães humildes. Lia, às vezes, trechos da Lei e do Evangelho, estabelecia comparações, provocava pareceres novos. Dentro daquelas atividades constantes, a lição do Mestre parecia sempre tocada de luzes progressivas. Em bre-

ve, o ex-discípulo de Gamaliel tornava-se um amigo amado de todos. Saulo sentia-se imensamente feliz. Tinha enorme satisfação sempre que via a tenda pobre repleta de irmãos que o procuravam, tomados de simpatia. As encomendas não faltavam. Havia sempre trabalho suficiente para não se tornar pesado a ninguém. Ali conheceu Trófimo, que lhe seria companheiro fiel em muitos transes difíceis; ali abraçou Tito, pela primeira vez, quando esse abnegado colaborador mal saía da infância.

A existência, para o ex-rabino, não podia ser mais tranquila nem mais bela. Era-lhe o dia cheio das notas harmoniosas do trabalho digno e construtivo; à noite, recolhia-se à igreja em companhia dos irmãos, entregando-se prazenteiro às lides sublimes do Evangelho.

Segundo os Atos dos Apóstolos, foi em Antioquia que começaram a ocorrer **conversões numerosas de não judeus**. Vejamos:

Não anunciavam a Palavra a ninguém que não fosse judeu. Contudo, alguns deles, habitantes de Chipre e da cidade de Cirene, chegaram a Antioquia e começaram a pregar também aos gregos, anunciando-lhes a Boa-Nova do Senhor Jesus. (At 11:19-20.)

Paulo, Barnabé e os outros irmãos seguidores do Evangelho de Jesus passaram um ano juntos (em 43), pregando em Antioquia:

[...] A igreja tornou-se venerável por suas obras de caridade e pelos fenômenos de que se constituíra organismo central.
Viajantes ilustres visitavam-na cheios de interesse. Os mais generosos faziam questão de lhe amparar os encargos de benemerência social. Foi aí que surgiu, certa vez, um médico muito jovem, de nome Lucas. De passagem pela cidade, aproximou-se da igreja animado por sincero desejo de aprender algo de novo. Sua atenção fixou-se, de modo especial, naquele homem de aparência quase rude, que fermentava as opiniões, antes que Barnabé empreendesse a abertura dos trabalhos. Aquelas atitudes de Saulo, evidenciando a preocupação generosa de ensinar e aprender simultaneamente, impressionaram-no a ponto de apresentar-se ao ex-rabino, desejoso de ouvi-lo com mais frequência.
[...] E enquanto permaneceu na cidade, ambos [Paulo e Lucas] se empenhavam diariamente em proveitosas palestras, concernentes ao ensino de Jesus. Retomando aos poucos seu poder de argumentação, Saulo de Tarso não tardou a incutir

no espírito de Lucas as mais sadias convicções. Desde a primeira entrevista, o hóspede de Antioquia não mais perdeu uma só daquelas assembleias simples e construtivas. Na véspera de partir, fez uma observação que modificaria para sempre a denominação dos discípulos do Evangelho.

Barnabé havia terminado os comentários da noite, quando o médico tomou a palavra para despedir-se. Falava emocionado e, por fim, considerou acertadamente:

– Irmãos, afastando-me de vós, levo o propósito de trabalhar pelo Mestre, empregando nisso todo o cabedal de minhas fracas forças. Não tenho dúvida alguma quanto à extensão deste movimento espiritual. Para mim, ele transformará o mundo inteiro. Entretanto, pondero a necessidade de imprimirmos a melhor expressão de unidade às suas manifestações. Quero referir-me aos títulos que nos identificam na comunidade. Não vejo na palavra "caminho" uma designação perfeita, que traduza o nosso esforço, Os discípulos do Cristo são chamados "viajores", "peregrinos", "caminheiros". Mas há viandantes e estiadas de todos os matizes. O mal tem, igualmente, os seus caminhos. Não seria mais justo chamarmo-nos cristãos uns aos outros? Este título nos recordará a presença do Mestre, nos dará energia em seu nome e caracterizará, de modo perfeito, as nossas atividades em concordância com os seus ensinos.

A sugestão de Lucas foi aprovada com geral alegria. O próprio Barnabé abraçou-o, enternecidamente, agradecendo o acertado alvitre, que vinha satisfazer certas aspirações da comunidade inteira. Saulo consolidou suas impressões excelentes, a respeito daquela vocação superior que começava a exteriorizar-se. (Emmanuel, *Paulo e Estêvão*, Segunda Parte, cap. IV; cf. At 11:26.)[9]

Vivia, nesse tempo, em Antioquia, um médium clarividente por nome Agabo. Certo dia (ainda no ano 43), inspirado "pelas forças do plano superior" (Emmanuel, *Paulo e Estêvão*, Segunda Parte, cap. IV), predisse uma escassez de comida para a cristandade de Jerusalém. Os fiéis começariam a sofrer necessidade material. E, de fato, sobreveio esse flagelo, no ano 44, durante o reinado do Imperador Romano Cláudio (10 a.C.-54). Sem demora, Paulo resolveu organizar uma grande coleta entre os neófitos de Antioquia, a fim de auxiliar os irmãos da capital judaica (cf. At 11:28-30).[10]

Notas

1. O termo *Caminho*, exclusividade da obra *Paulo e Estêvão*, diz respeito a um núcleo de orações, onde também se pregava (palestrava-se), ajudava-se (espiritual e materialmente)

todos que lá chegassem. Emmanuel, autor do livro supracitado, diz que o vocábulo *Caminho* significa *primitiva designação do Cristianismo*. Em verdade, a Casa do Caminho, localizada em Jerusalém, foi a primeira Comunidade Cristã que deu início a tantas outras, posteriormente.

2. O nome *Abigail*, como sendo noiva de Saulo, é privativo da obra *Paulo e Estêvão*, narrada pelo Espírito Emmanuel, pela psicografia de Francisco Cândido Xavier. Ela recebeu o batismo, convertendo-se ao Evangelho de Jesus, através do notável pregador – o velho Ananias. Este, por sua vez, tornou-se discípulo do Crucificado depois de vê-lo sofrer o martírio no madeiro da infâmia, e, ato contínuo, procurou Simão Pedro para conhecer melhor a personalidade Daquele que fora a maior representatividade da bondade divina baixada no Planeta Terra.

3. Damasco, segundo o historiador natural romano Plínio, o velho (*História Natural* 5,18,74), fazia parte da Decápole – uma confederação de dez cidades, que o próprio João (o Batista) transitou antes de chegar a Salim, para dar início ao seu messianato como o taciturno Precursor. Ei-las: Damasco, Filadélfia (Aman), Rafana, Citópolis (Beisan), Gadara, Hipos, Dion, Pela, Gelasa (Gerasa) e Canata. Todas, exceto Citópolis, ficavam além do rio Jordão – região, essa, da Pereia: território entre o Jabok e o Arnon, indo de Maqueronte (do espanhol; ou *Machaerus*, do grego; e *Masquerus*, do português), a leste do Mar Morto, até Pela.

4. No meio da luz, Saulo divisa Jesus (o semelhante de um homem celestial), conforme vai narrar mais tarde a diferença entre os homens terrestres e os celestiais (cf. 1 Co 15:48).

5. Lucas, porém, afirma que depois da visão que Paulo teve às portas de Damasco, e os três dias que lá ficou, foi ele para JERUSALÉM (cf. At 9:25-30) e NÃO para a cidade de PALMIRA. Essa é uma divergência digna de menção.

6. Há uma informação reveladora no livro *Jerusalém, uma Cidade, Três Religiões*, capítulo X, da escritora inglesa Karen Armstrong (1945). Vejamo-la:

"Em dezembro de 415, um pároco fez outra descoberta arqueológica que parecia relacionada com a humilhação do patriarca judeu. Luciano, presbítero da aldeia de Kfar Gamala, na planície costeira, sonhou com o rabino Gamaliel I, mestre de São Paulo; o grande fariseu lhe disse que se convertera ao Cristianismo, porém guardara segredo porque temia os judeus. Quando Estêvão, o primeiro mártir cristão, foi morto fora das muralhas de Jerusalém por atacar a Torá e o Templo, Gamaliel enterrara o corpo em sua propriedade, ali em Gamala; mais tarde foi sepultado ao lado do mártir, juntamente com Nicodemos, o jovem judeu que certa noite se avistara às escondidas com Jesus. No dia seguinte Luciano tratou de investigar e exumou três túmulos com inscrições hebraicas, como o rabino lhe dissera no sonho. Imediatamente informou a maravilhosa descoberta a seu bispo.

Acontece que o Bispo João de Jerusalém se encontrava em Lida, agora denominada Dióspolis, presidindo um concílio no qual decidiria o destino do monge britânico Pelágio, que escandalizara os cristãos ocidentais em Jerusalém ao negar a doutrina do pecado original. O próprio João não via grande perigo nessa teologia, mas, assim que recebeu a notícia de Luciano, partiu às pressas para Kfar Gamala, acompanhado pelos bispos de Sebaste e Jericó. Quando se abriu o túmulo de Estêvão, espalhou-se pelo ar um perfume tão doce que "acreditamos estar no Paraíso", conta Luciano [em sua Epístola, n.º 8]. Tratava-se de uma experiência comum nas sepulturas dos mártires. O corpo do santo que agora se encontrava no céu criava um elo entre este mundo e o outro. O local tornava-se, assim, um novo "centro" de santidade, que permitia aos devotos entrar no reino do sagrado e experimentar o poder e a presença restauradora de Deus. Na Europa os fiéis eram curados nessas tumbas pela aura tangível de santidade que se instalava no recinto quando se lia em voz alta a história da paixão do mártir: uma suave fragrância perfumava o ambiente, e as pessoas gritavam ao sentir o impacto divino. Agora, cristãos de toda a Palestina passaram a visitar Kfar Gamala, e 73 doentes se curaram.

João não pretendia deixar que Kfar Gamala se tornasse um centro de peregrinação, mas estava decidido a usar essa miraculosa descoberta em benefício próprio. Queria promover a sé de Jerusalém, como seus predecessores, e acabara de construir a basílica do monte Sião, a mãe de todas as igrejas. Resolveu que Estêvão devia ser enterrado nessa nova basílica, no local da igreja em que servira como diácono, e em 26 de dezembro trasladaram-se os ossos para o monte Sião. No entanto, essa descoberta, que levava cura e santidade aos cristãos, era inerentemente adversa ao judaísmo. Estêvão morrera por atacar a Torá e o Templo; fora vítima dos judeus. A revelação de que o grande rabino Gamaliel, ancestral e homônimo do atual patriarca, abraçara secretamente a fé cristã abalou a integridade do patriarcado judaico. Ademais, entendia-se que o desenvolvimento do cristianismo implicava a rejeição da fé ancestral."

7. Não é novidade para a maioria dos espíritas que Barnabé voltaria mais tarde, reencarnado, na personalidade do eminente, e saudoso, pesquisador espírita Hermínio Corrêa Miranda (1920-2013). Sobre suas outras reencarnações conhecidas, favor consultar o livro *Os Senhores do Mundo*, de autoria desse notável escriba de nossos tempos.

8. A título de curiosidade: no livro *O Grande Amigo de Deus*, capítulo XXI, de Taylor Caldwell, lê-se que na terceira década de vida, em um navio de Jerusalém a Tarso, após notícia de falecimento de seu pai Hillel ben Borush, encontrou-se pela primeira vez com Lucano (isto é, Lucas, como é conhecido, na obra supracitada, o evangelista).

9. Sobre o assunto: *cristãos*, sugerimos a leitura da Parte V, *O Cristo Jesus*, da obra *O Crucificado* (Editora AGE, 2021), de nossa autoria.

10. Uma curiosidade, também já narrada na obra *O Crucificado* (Editora AGE, 2021), Parte V, subtítulo: *Os Escolhidos*, é que no mesmo ano de 44, mais duas tristes novas aconteceram: I) tombara, sob a espada de Herodes Agripa I, a cabeça de Tiago (Maior), irmão de João, o futuro evangelista; II) Simão Pedro, depois de ter solicitado pessoalmente o cadáver de Tiago (Maior) para dar-lhe sepultura, foi, pela segunda vez, preso. Mas, dessa vez, pelos sequazes de Herodes Agripa I. Dias depois foi libertado pelo anjo do Senhor (At 12:3-11), e, da capital judaica, mudou-se para a cidade portuária chamada Jope, localizada a 65 quilômetros a noroeste de Jerusalém.

A primeira viagem[1]

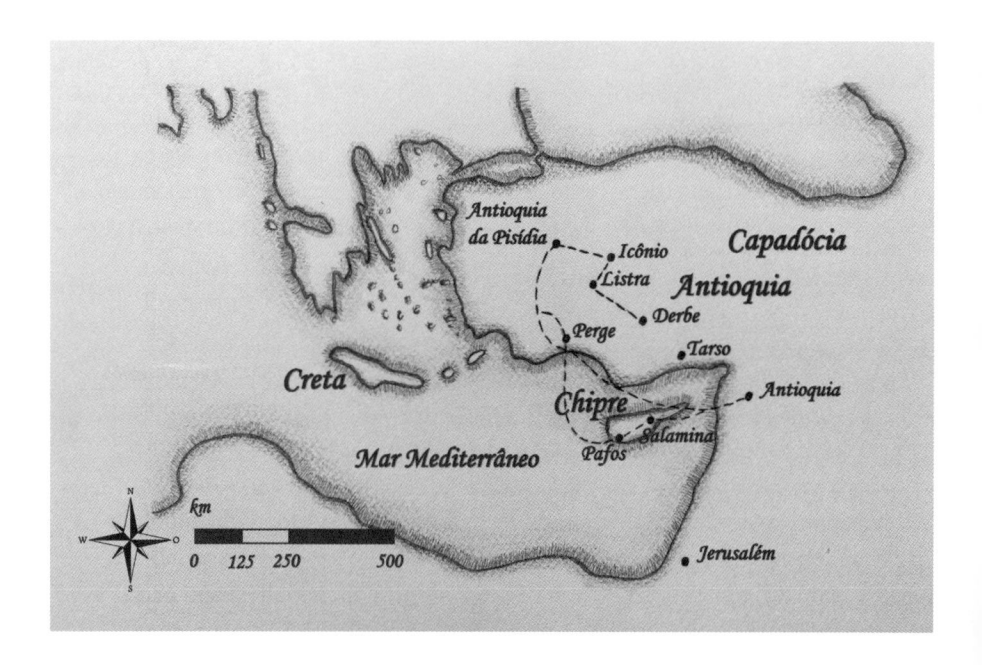

Depois da assistência social praticada em Jerusalém, Paulo e Barnabé voltaram a Antioquia, levando em sua companhia o jovem João Marcos (que morava com sua mãe na capital judaica), sobrinho de Barnabé. Segundo os Atos dos Apóstolos, foi em Antioquia da Síria que Paulo encontrou oposição na sinagoga à sua pregação aberta aos não judeus, que eram já mais numerosos do que os judeus. Vejamos:

> Era preciso anunciar a Palavra de Deus primeiro a vós. Mas, como a rejeitais e vos considerais indignos da vida eterna, sabei que vamos dirigir-nos aos pagãos. (At 13:46.)

E assim se fez. No ano 45, Barnabé, Paulo e João Marcos descem ao Porto de Selêucia, despedindo-se dos irmãos cristãos, e de lá saem para pregar a Boa-Nova em Chipre – nas cidades de Salamina e Pafos (esta era a capital da ilha supracitada) –, em Perge da Panfília, com crescente ênfase na inclusão de não judeus, pessoas comuns e de extração popular (cf. At 13:4-6).²

Foi em Perge que João Marcos fica, pois não suportou os hercúleos desafios a que se propôs antes da viagem. Quando viu seu tio e Paulo dispostos a subirem as montanhas, e internar-se pelas sinistras quebradas e gargantas dos Montes Tauro (cadeia de montanha ao sul da Turquia), protestou com veemência e fez ver ao tio Barnabé que não estava preparado a acompanhá-los. Não poderia ser diferente, pois é essa postura que viria a caracterizar Paulo como Apóstolo dos Gentios. O ex-rabino, que, depois de sua conversão, não mais tinha endereço fixo, vivia em constante movimento. Essa era a regra geral de Paulo: procurar hospedagem em casa de um colega de profissão (já que era tecelão), ou de uma família de operários, onde poderia exercer seu ofício, a fim de ganhar o necessário sustento material.

De Perge, Paulo e Barnabé vão a Antioquia da Pisídia (cf. At 13-14). Esta cidade acha-se a 1.200 metros acima do nível do mar. E foi a caminho dela que Paulo e Barnabé foram atacados por salteadores. Ameaçados por um punhal, "Barnabé esvaziou a bolsa que trazia entre as dobras da túnica, enquanto os malfeitores recolhiam, ávidos, a pequena quantia" (Emmanuel, *Paulo e Estêvão*, Segunda Parte, cap. IV), conquanto os bandidos tenham deixado com eles o vileno das anotações de Mateus, filho de Levi. Resultado: Chegando em Antioquia da Pisídia, Paulo consegue um emprego, como tecelão que era, através de um bondoso negociante chamado Ibraim (?-†).³

Um homem como Saulo, que adormece de fadiga em uma choupana, sobre vários pelos de cabra ou bode, e acorda ao pé do tear, no intuito de reiniciar a pregação (gratuita) do Evangelho Redentor do Crucificado, para, na noite próxima dar continuidade ao seu duro labor manual, **ah! esse homem é uma chama viva da verdade e beleza do Cristianismo.**

E já na no primeiro sábado, desde a chegada em Antioquia da Pisídia, Paulo e Barnabé entraram na sinagoga (cf. At 13:14). Paulo, durante sua estada nessa cidade, caíra gravemente enfermo, preocupando a todos os irmãos. Durante um mês, esteve sob a influência maligna de uma febre devoradora (cf. Emmanuel, *Paulo e Estêvão*, Segunda Parte, capítulo IV). O Próprio ex-doutor de Tarso, mais tarde, lembraria esse fato na Epístola que, de Éfeso, dirigiu aos Gálatas. Vejamos o texto:

> E vós sabeis que primeiro vos anunciei o evangelho estando em fraqueza da carne; e não rejeitastes, nem desprezastes isso que era uma tentação na minha carne, antes me recebestes como um anjo de Deus, como Jesus Cristo mesmo. Qual é, logo, a vossa bem-aventurança? Porque vos dou testemunho de que, se possível fora, arrancaríeis os vossos olhos, e mos daríeis. (Gl 4:13-15.)[4]

E depois de oito meses por lá, os dois são obrigados a deixar a cidade; caso contrário, seus chefes (empregadores) – o tecelão Ibraim e o oleiro Eustáquio (?-†) – seriam presos.

De Antioquia, foram para Icônio, também da Pisídia (cf. At 14:1). Situada a 1.027 acima do nível do mar, foi nessa cidade que Paulo conheceu a atormentada Tecla (?-†) – noiva de Tamiris (?-†) –, que se apaixonou por ele. Resultado: Paulo foi preso durante cinco dias e tomou 39 açoites, ainda que pese ter sido sincero para com ela, advertindo-a sobre sua fidelidade para com seu noivo. Pois é: **dizer verdades é sempre perigoso**. Mais perigoso ainda quando essas verdades são dirigidas a uma mulher despeitada, que, por sua vez, contrariam seus sentimentos aos ídolos do coração humano. Distinguir a realidade objetiva das suas predileções pessoais, foi a causa do melindre que a infeliz Tecla não soube realizar.

De Icônio, para não serem apedrejados por judeus incrédulos e os gentios da cidade, Paulo e Barnabé fogem para a pequena Listra, e, depois, para Derbe (cf. At 14:6). As duas cidades estão situadas na Licaônia – à época, uma grande região inóspita no interior da antiga Ásia Menor (Anatólia).[5]

A cidade de Listra, à semelhança de Antioquia e Icônio (ambas da Pisídia), está situada em notável altitude (1.230 metros acima do nível do mar). E foi em Listra, pregando sua filosofia cristã, que Paulo curou um homem coxo (cf. At 14:8-17), falando na língua licaônica.[6]

Foi em Listra que Paulo conheceu Timóteo (17-80), com 13 anos de idade. O rapaz era de tal forma prudente, que, ouvindo dizer que Saulo falava do Cristo Jesus aos incircuncisos e sabendo que por isso se opôs a Pedro, preferiu não anunciar o contrário e também submeter-se à circuncisão. Foi circuncidado (cf. At 16:3) naquela idade, e assim foi-lhe confiado todo o ministério. Leiamos algumas frases do Convertido de Damasco sobre Timóteo:

Mas bem sabeis qual a sua experiência, e que serviu comigo no evangelho, como filho ao pai. (Fp 2:22.)

Por esta causa vos mandei Timóteo, que é meu filho amado, e fiel no Senhor, o qual vos lembrará os meus caminhos em Cristo, como por toda a parte ensino em cada igreja. (1 Co 4:17.)
E, se Timóteo for, vede que esteja sem temor convosco; porque trabalha na obra do Senhor, como eu também. Portanto, ninguém o despreze, mas acompanhai-o em paz, para que venha ter comigo; pois o espero com os irmãos. (1 Co 16:10-11.)

Passados alguns dias na cidade, vieram de Icônio e Antioquia da Pisídia uns judeus perversos, e, aproveitando astutamente o ambiente carregado, lançaram nela a faísca de uma violenta explosão. Barnabé estava ausente de Listra, percorrendo, em companhia de Timóteo, as aldeias circunvizinhas.

Saulo voltou a pregar em praça pública, e logo de início percebeu a hostilidade dos judeus, que haviam semeado o joio das suas intrigas, acusando Paulo de infame e embusteiro, sedutor de mulheres. "O caso de Tecla [em Icônio] era pintado a cores negras" (Emmanuel, *Paulo e Estêvão*, Segunda Parte, cap. IV.)

Antes que pudesse tomar providências, o ex-rabino ouviu em torno de si o sibilar de pedras, e, de repente, um dos projéteis arremessados por mão robusta o atingira em plena testa. Resultado: ele caiu ao chão sem sentidos. Depois, convencidos de sua morte, chamam uns homens fortes e mandam arrastá-lo para fora da cidade, o cadáver cheio de feridas, jogando-o no meio do lixo e de corpos de animais. Somente depois de ser encontrado por Lóide (?-†) – viúva que oferecera sua casa (em Listra) como hospedaria aos arautos do Evangelho –, e Eunice (?-†) – sua filha solícita e carinhosa –, bem como Timóteo – filho dessa e neto daquela –, sem esquecermos de Barnabé, ajudaram Paulo a sair daquele monturo, cuidando dele durante toda madrugada. No dia imediato, partiu com Barnabé para Derbe (cf. At 14:19-20).

Caro leitor. **A criatura humana só é grande e só se educa para a grandeza a seus semelhantes, quando tem a coragem de viver as suas ideias e morrer por seus ideais, ainda que pese não ser o pensamento da maioria. Em verdade, indivíduos não morrem por aquilo que duvidam.**

Bem disse Allan Kardec, em *O Evangelho Segundo o Espiritismo*, no capítulo XXIV, item 15, subtítulo: A Coragem da Fé, que pedimos licença para aqui expormos sua consideração:

[...] A coragem das opiniões próprias sempre foi tida em grande estima entre os homens, porque há mérito em afrontar os perigos, as perseguições, as contradições e até os simples sarcasmos, aos quais se expõe, quase sempre, aquele que não teme proclamar abertamente ideias que não são as de toda gente. Aqui, como em tudo, o merecimento é proporcionado às circunstâncias e à importância do resultado. Há sempre fraqueza em recuar alguém diante das consequências que lhe acarreta a sua opinião e em renegá-la; mas há casos em que isso constitui covardia tão grande quanto fugir no momento do combate.

Diz, com notável propriedade, o Espírito Vianna de Carvalho, na obra *Espiritismo e Vida*, capítulo XIX, que:

[...] A coragem desses heróis da Era Nova constitui um dos grandes e fascinantes estímulos para todos quantos desejam servir ao Bem, porquanto nada havia que os intimidasse ou lhes diminuísse o entusiasmo no trabalho a que se entregavam. Humilhações, suplícios, cárcere e morte não lhes constituíam impedimento à divulgação da Verdade, tão impregnados se encontravam da certeza da imortalidade do Espírito, que as suas vidas ainda hoje constituem modelos de abnegação e de sacrifício comovedores.
[...] Nenhuma edificação do Bem alcança a sua gloriosa destinação dispensando os heróis da abnegação e da renúncia. Incompreendidos, no início, suportam as dificuldades mais sérias confiantes no resultado dos esforços, vencendo as intempéries de todo tipo, os enfrentamentos mais covardes e rudes, traiçoeiros e ignóbeis, firmes de decisão até o momento em que o triunfo do ideal os aureola com o martírio demorado.
O Cristianismo é a saga de homens e mulheres admiráveis que, fascinados por Jesus, tudo abandonaram para melhor O servirem, vencendo distâncias imensas sob o Sol inclemente e as chuvas torrenciais, dominados pela presença d'Aquele que nunca os abandonou, conforme lhes houvera prometido.

Em Derbe, lugarejo quase insignificante situado na divisa com a Galácia, **demorou-se Paulo mais de um ano.** Os seus adversários o tinham como morto. Mas foi nessa cidade que, em solidão, o Apóstolo da Gentilidade pôde restabelecer-se fisicamente, em seis meses, já que sua fuga precipitada de Listra deixou seu corpo assaz debilitado, com manchas lívidas, além de seu rosto, que, a seu turno, estava desfigurado. Não demorou muito para que o convalescente recomeçasse sua atividade apostólica pelos planaltos circunvizinhos.⁷

Cerca de quatro anos (45-48) haviam decorrido desde que Paulo e Barnabé tinham saído de Antioquia da Síria. Para voltar, decidiram retornar pelo mesmo caminho por onde tinham vindo, a fim de confirmar na fé os incipientes e consolidar as novas cristandades. Passaram, portanto, por Antioquia da Pisídia em demanda da pequena cidade de Perge da Panfília. De lá, desceram a Atália (cf. At 14:25), no intuito de embarcarem com destino a Selêucia. Desembarcados, dirigiram-se a Antioquia da Síria (cf. At 14:26), e:

> Quando chegaram [no ano 48] e reuniram a igreja, relataram quão grandes coisas Deus fizera por eles, e como abrira aos gentios a porta da fé. (At 14:27.)

Tudo era paz e harmonia. Tudo era alegria e fraternidade.

Notas

1. Reiteramos ao leitor nossa sugestão: leiam a obra *Paulo e Estêvão*, do Espírito Emmanuel, pela psicografia do médium Francisco Cândido Xavier, que, sem outra igual, narra em detalhes os acontecimentos na 1.ª, 2.ª e 3.ª viagens de Paulo. E mais: a ida derradeira de Paulo a Roma é minuciosa e única. Por essa razão, neste livro não entraremos nos pormenores, agradecendo vossa compreensão por exararmos, apenas, "o resumo dos resumos", e, como já viemos fazendo ao longo da leitura, confrontar os Atos dos Apóstolos, as Epístolas Paulinas e os Quatro Evangelhos com o enredo vivido por esse incomum homem – Saulo de Tarso.
2. Assistia à carinhosa despedida dos dois arautos do Evangelho de Jesus, um jovem de seus 10 anos de idade – chamava-se Inácio (35-107). Empolgado pela beleza do ideal apostólico, fez-se discípulo de João Evangelista. Trinta anos mais tarde, reencontrá-lo-íamos como pastor da Igreja de Antioquia. Mais 32 anos, em 107, torná-lo-íamos a rever, de corpo alquebrado, conquanto lúcido, no anfiteatro de Roma (Coliseu). Por ordem do Imperador Romano Trajano (53-117), o ancião de Antioquia seria devorado pelos leões. Na travessia de Antioquia, escalou o navio e ficou por algum tempo na cidade de Esmirna, onde o pastor local, Policarpo (69-155), foi visitar o venerando colega preso. Do porto de Esmirna, Inácio escreveu várias cartas de despedidas aos cristãos da Ásia Menor (atual Turquia) e aos romanos. A estes, encontramos um notório trecho que assim diz: "Escrevo a todas as Igrejas e anuncio a todos que, de boa vontade, morro por Deus, caso vós não me impeçais de o fazer. Eu vos suplico que não tenhais benevolência inoportuna por mim. Deixai que eu seja pasto das feras, para que me apresente como trigo me é concedido alcançar a Deus. Sou trigo de Deus, e serei moído

pelos dentes das feras, para que me apresente como pão puro do Cristo. Ao contrário, acariciai as feras para que se tornem minha sepultura, e não deixem nada do meu corpo, para que, depois de morto, eu não pese a ninguém. Então eu serei verdadeiramente discípulo de Jesus Cristo, quando o mundo não vir mais meu corpo. Suplicai a Cristo por mim, para que eu, com esses meios, seja vítima oferecida a Deus." (*Inácio aos Romanos* 4:1-2.)

3. A Pisídia, nessa época, formava a parte meridional de uma província romana chamada Galácia. Os seus habitantes, os gálatas, parente dos gauleses, eram um povo de raça céltica, que emigraram das margens do Rio Reno e se fixaram nessas plagas da Ásia Menor. Os gálatas eram homens bons, caridosos, sentimentais, conquanto de caráter volúvel, e demasiadamente impressionáveis.

4. Trataremos, mais a frente e com mais vagar, no texto 7, sobre a Epístola que Paulo escrevera aos gálatas.

5. A tal fuga de Paulo e Barnabé, obviamente, não foi por medo de morrerem, porque os verdadeiros cristãos jamais temem a morte por sabê-la não ser o fim, e sim o retorno aos páramos celestes de onde vieram (cf. *O Livro dos Espíritos*, perg. 149). O próprio Paulo diria, mais tarde, que a morte não o preocupava, porquanto fora vencida (cf. 1 Co 15:55). As sepulturas, portanto, que tanto impressionam a maioria, não são, para o evoluído, mais do que os armários onde se acham seus velhos trajes. Desse modo, vida e morte são termos da mesma equação do existir, já que "aquele que crê em mim [em Jesus], já passou da vida para a morte; e aquele que, em vida, crê em mim, jamais morrerá" (Jo 11:25). A causa da fuga talvez seja mais crível devido à advertência do Crucificado quando disse: "Se vos perseguirem em uma cidade, fugi para outra" (Mt 10:23).

Pedimos vênia ao leitor para uma pequena digressão. Pois bem: a sobrevivência do homem após a morte é uma realidade tão antiga como a própria Humanidade. Todavia, o que não se pode demonstrar cientificamente **é a imortalidade** – isto é, uma vida eterna após a morte, pois *sobrevivência* não é a *imortalidade*.

Todos nós sabemos que os vivos *morrem* (fisiologicamente) e que os mortos (Espíritos) *sobrevivem*. Contudo, não sabemos cientificamente se os sobreviventes vivem eternamente, uma vez que no mundo da sobrevivência também impera a *morte* (moral e, com isso, espiritual), como os próprios sobreviventes confessam. Ora, os sobreviventes também são mortais. Daí a necessidade do ir e vir, por meio da reencarnação.

Nunca nenhuma experiência de laboratório, de física, de química, de matemática, nem o aparecimento espontâneo de um Espírito, através de seu perispírito, provou a imortalidade. Esta, por sua própria natureza, não pode ser objeto de provas científicas, **mas é assunto exclusivo de uma experiência espiritual, íntima, no interior do próprio sujeito**. Quem não viveu e vive sua imortalidade, seja antes seja depois da morte física, esse não tem certeza da vida eterna (da imortalidade), embora conheça a sobrevivência. A certeza da vida eterna não é presente de berço, já que não é dada pela vida nem pela morte, mas **é uma conquista suprema da vivência interior**. Em suma, a imortalidade não é algo que nos acontece de fora, mas é algo que deve ser produzido de dentro.

6. A língua licaônica, em verdade um dialeto estranho, é parecida com o idioma sírio e capadócio. Saulo foi instrumento do fenômeno denominado *xenoglossia* – isto é, quando em transe, o médium fala, espontaneamente, um idioma que lhe é inteiramente desconhecido na encarnação atual, e, muitas vezes, também ignorado pelos que o presenciam. Paulo diria anos depois, assim: "Dou graças a Deus, porque falo em outras línguas mais do que todos vós" (1 Co 14:18), embora ensine que é melhor profetizar do que falar em outras línguas (cf. 1 Co 14:39). O fenômeno da xenoglossia também é verificado no dia de Pentecostes (cf. At 2:1-13).

   Allan Kardec, em *O Livro dos Médiuns*, capítulo XVI, item 191, vai intitular os que possuem essa faculdade, de *médiuns poliglotas*, assim dizendo: "Os que têm a faculdade de falar ou escrever em línguas que lhes são desconhecidas. Muito raros." Acrescentamos que tal fenômeno pode ser *anímico* (idioma apreendido em outra vivência reencarnatória, que, em transe, ele passa a acessar) ou *mediúnico* (quando há interferência de um Espírito, que domina o idioma em voga, e é quem vai articular a materialização da mensagem, seja ela oral ou escrevente).

7. Nessas duas cidades – Listra e Derbe – foram criadas as duas primeiras igrejas em lugares sem sinagogas.

O que verdadeiramente interessa?

Os desafios que Paulo passou, em sua primeira viagem apostólica, não representam uma nesga sequer dos martírios que os aguardaria doravante. Até o momento, o ex-doutor de Tarso só encontrara adversários entre os judeus conservadores e os gentios avessos aos ensinamentos de Jesus. Em breve, teria que enfrentar uma perigosa ideologia dentro dos próprios arraiais da Igreja de Jerusalém – perigo tão grande que, sem tardança, o Evangelho de Jesus dividir-se-ia em duas religiões antagônicas, criando um verdadeiro cisma no alvorecer do Novo Testamento.

Perguntar-se-ia: por quê? Ora, em Antioquia eram todos um só coração e uma só alma. No entanto, em Jerusalém vinham severas discriminações aos cristãos antioquenos e seus evangelizadores. Acentuava-se, cada vez mais, uma divergência de ideias sobre um problema de vital importância, que se resumia assim: **devem os gentios, para se tornarem verdadeiros cristãos, abraçar primeiro o Judaísmo, ou podem passar, diretamente, do paganismo ao Cristianismo – isto é, à fé em Jesus, o Cristo?** Eis a questão.

Para Paulo e seus amigos, que estavam resolvidos a lutar pela liberdade do Evangelho, não existia dúvida alguma – ou seja, para ser um genuíno discípulo do Cristo Jesus, bastava ter no candidato uma fé sincera que se manifestasse pelo amor universal, indistinto, conforme preconizou o Crucificado. Melhor dizendo: em face das alvíssaras que o Cordeiro de Deus preconizou, não havia hebreu nem gentio, nem romano, nem grego, nem persa, etc. Havia somente homens e mulheres criados por Deus e necessitados de redenção psíquica.

Já para a maioria dos colegas da Judeia, consideravam a lei mosaica como indispensável preliminar do Evangelho. Em suma: **gentio que do paganismo passasse diretamente para os ensinamentos de Jesus não era cristão integral**. Os judeus diziam que os neófitos vindos da Gentilidade deveriam professar a Lei de Moisés, recebessem a circuncisão, observassem o sábado, as luas-novas, as numerosas abluções rituais, que acompanhassem as cerimônias e tradições paternas que enredavam a religião de Israel. Dentre todos os ritos judaicos, **o movimento a favor da circuncisão era imperativo**. Eis, aí, o conflito de ideias para alcançar o mesmo fim – pregar a Boa Nova do Filho do Calvário.[1]

Simão Pedro, João Boanerges e, sobretudo, Tiago (Menor), embora não excluíssem do Cristianismo os candidatos pagãos, não os igualava simplesmente aos judeus-cristãos. Na falta de uma liturgia cristã, observavam nas reuniões cultuais o cerimonial da Lei Mosaica.[2]

Na obra *Paulo e Estêvão*, na Segunda Parte, capítulo V, lemos que:

> [...] A igreja de Antioquia [também] oscilava numa posição de imensa perplexidade. Perdera o sentido de unidade que a caracterizava, dos primórdios. Cada qual doutrinava do ponto de vista pessoal. Os gentios eram tratados com zombarias; organizavam-se movimentos a favor da circuncisão.
>
> Fortemente impressionados com a situação, Paulo e Barnabé combinam um recurso extremo. Deliberam convidar Simão Pedro para uma visita pessoal à instituição de Antioquia. Conhecendo-lhe o espírito liberto de preconceitos religiosos, os dois companheiros endereçam-lhe longa missiva, explicando que os trabalhos do Evangelho precisavam dos seus bons ofícios, insistindo pela sua atuação prestigiosa.
>
> O portador entregou a carta, cuidadosamente, e, com grande surpresa para os cristãos antioquenos, o ex-pescador de Cafarnaum chegou à cidade, evidenciando grande alegria, em razão do período de repouso físico que se lhe deparava naquela excursão.
>
> Paulo e Barnabé não cabiam em si de contentes. Acompanhando Simão, viera João Marcos, que não abandonara, de todo, as atividades evangélicas. O grupo viveu lindas horas de confidências íntimas, a propósito das viagens missionárias, relatadas inteligentemente pelo ex-rabino, e relativamente aos fatos que se desenrolavam em Jerusalém, desde a morte do filho de Zebedeu [Tiago Maior], contados por Simão Pedro, com singular colorido.
>
> Depois de bem informado da situação religiosa em Antioquia, o ex-pescador acrescentava:
>
> – Em Jerusalém, nossas lutas são as mesmas...
>
> [...] E ante a atenção profunda de Paulo e Barnabé, o bondoso companheiro continuava:

– Sabemos que Jesus não deixou uma solução direta ao problema dos incircuncisos, mas ensinou que não será pela carne que atingiremos o Reino, e sim pelo raciocínio e pelo coração. Conhecendo, porém, a atuação do Evangelho na alma popular, o farisaísmo autoritário não nos perde de vista e tudo envida por exterminar a árvore do Evangelho, que vem desabrochando entre os simples e os pacíficos. É indispensável, pois, todo o cuidado de nossa parte, a fim de não causarmos prejuízos, de qualquer natureza, à planta divina.

Os companheiros faziam largos gestos de aprovação. Revelando sua imensa capacidade para nortear uma ideia e congraçar os numerosos prosélitos em divergência, Simão Pedro tinha uma palavra adequada para cada situação, um esclarecimento justo para o problema mais singelo.

A comunidade antioquiana regozijava-se. Os gentios não ocultavam o júbilo que lhes ia na alma. O generoso Apóstolo [Simão Pedro] a todos visitava pessoalmente, sem distinção ou preferência.

[...] Eis, porém, que chegam de Jerusalém três emissários de Tiago. Trazem cartas para Simão, que os recebe com muitas demonstrações de estima. Daí por diante, modifica-se o ambiente. O ex-pescador de Cafarnaum, tão dado à simplicidade e à independência em Cristo Jesus, retrai-se imediatamente. Não mais atende aos convites dos incircuncisos. As festividades íntimas e carinhosas, organizadas em sua honra, já não contam com a sua presença alegre e amiga. Na igreja, modificou as mínimas atitudes. Sempre em companhia dos mensageiros de Jerusalém, que nunca o deixavam, parecia austero e triste, jamais se referindo à liberdade que o Evangelho outorgara à consciência humana.

Paulo observou a transformação, tomado de profundo desgosto. Para o seu espírito habituado, de modo irrestrito, à liberdade de opinião, o fato era chocante e doloroso.

Convidado a falar na tribuna para os companheiros, em certo momento iremos observar Paulo de Tarso fazer uma advertência a Simão Pedro sobre sua mudança abrupta de comportamento. Tais assertivas não se encontram senão como referência, no livro *Paulo e Estêvão*. No entanto, vejamos as palavras do ex-discípulo de Gamaliel I, quando observou (naquela ocasião da visita de Pedro a Antioquia) que os cristãos que provinham do judaísmo recusavam alimentar-se ao lado dos cristãos provenientes do paganismo:

E, chegando Pedro a Antioquia, lhe resisti na cara, porque era repreensível. Porque, antes que alguns tivessem chegado da parte de Tiago, comia com os gentios; mas, depois que chegaram, se foi retirando, e se apartou deles, temendo os que eram da circuncisão. E os outros judeus também dissimulavam com ele, de maneira que até Barnabé se deixou levar pela sua dissimulação. Mas, quando vi que não andavam bem e direitamente conforme a verdade do evangelho, disse a Pedro na presença de todos: Se tu, sendo judeu, vives como os gentios, e não como judeu, por que obrigas os gentios a viverem como judeus? (Gl 2:11-14.)

No instante em que as palavras de Paulo, citadas acima, vieram à tona, o Espírito Emmanuel relata (o único a trazer esse fato) que Barnabé – num intervalo rápido (de segundos) que o Apóstolo da Gentilidade fizera, para, então, dar continuidade à sua palestra – argui assaz emocionado:

> [...] – Paulo, sou dos que lamentam tua atitude neste passo. Com que direito poderás atacar a vida pura do continuador de Cristo Jesus?
> Isso, inquiria-o ele em tom altamente comovedor, com a voz embargada de lágrimas. Paulo e Pedro eram os seus melhores e mais caros amigos.
> Longe de se impressionar com a pergunta, o orador respondeu com a mesma franqueza:
> – Temos, sim, um direito: o de viver com a verdade, o de abominar a hipocrisia, e, o que é mais sagrado, o de salvar o nome de Simão das arremetidas farisaicas, cujas sinuosidades conheço, por constituírem o báratro escuro de onde pude sair para as claridades do Evangelho da redenção. (Emmanuel, *Paulo e Estêvão*, Segunda Parte, cap. V.)[3]

Foi no outono do ano 48, correspondente ao mês de outubro e novembro, que Paulo e Barnabé, acompanhados de um jovem gentio chamado Tito (com 19 anos de idade), e dois outros irmãos de caminhada cristã, partiram de Antioquia em demanda a Jerusalém (cf. At 15:2; Gl 2:1), para uma assembleia com os Apóstolos daquela Igreja. Poderíamos dizer que essa reunião seria algo como um "concílio apostólico".

Para tal trajeto, saltaram, primeiramente, no Porto da Fenícia e visitaram os cristãos disseminados pelo litoral: Sidon, Ptolemaida, Cesareia (marítima), dentre outras. Depois, em direção ao interior, passaram pela região da Samaria (cf. At 15:3). Por fim, entraram na Judeia. Ao chegarem em Jerusalém, "foram recebidos pela igreja e pelos apóstolos e anciãos, e lhes anunciaram quão grandes coisas Deus tinha feito com eles" (At 15:4). O Espírito Emmanuel informa que eles foram recepcionados por Simão Pedro e João Boanerges (cf. Emmanuel, *Paulo e Estêvão*, cap. V). O ambiente estava pesado e carregado; era o prenúncio de tempestade (ideológica) iminente.

Vários assuntos foram discutidos: I) que os pagãos convertidos não deveriam comer dos manjares oferecidos aos ídolos, para evitar escândalo da parte dos judeu-cristãos; II) que se abstivessem da luxúria; III) que os neófitos vindos do gentilismo evitem comer carnes de animais mortos. A despeito disso, a pauta principal seria a circuncisão ou não dos gentios (cf. At 15:1,5).

Para Tito participar da assembleia, somente com condição de ser circuncidado. Quando Paulo ouviu da boca de Simão Pedro, corroborando tal exigência que Tiago fizera, **indignou-se**.[4]

A reunião entre Paulo, Barnabé, Tito, Simão Pedro, João Boanerges e Tiago (Menor) **durou cerca de uma semana**, e segundo o Espírito Emmanuel, em *Paulo e Estêvão*, no capítulo V, Tito foi circuncidado.

Entretanto, alguns anos mais tarde, em 53 ou 54, Paulo escreveria o contrário aos gálatas:

> Nem ainda Tito, que estava comigo, sendo grego, foi constrangido a circuncidar-se; e isto por causa dos falsos irmãos que se intrometeram, e secretamente entraram a espiar a nossa liberdade, que temos em Cristo Jesus, para nos pôr em servidão; aos quais nem ainda por uma hora cedemos com sujeição, para que a verdade do evangelho permanecesse entre vós. (Gl 2:3-5.)

Ademais, as comunidades criadas por Paulo receberiam visitas de Jerusalém, para que os gentios fossem circuncidados. A reação mais dura de Paulo se mostra na Carta aos Gálatas, na qual ele se apresenta como independente e contesta a necessidade de adesão a ritos que indicassem pertencerem ao judaísmo, assim narrando:

> Oxalá se castrassem de uma vez os que vos perturbam! (Gl 5:12.)
> Ser ou não ser circuncidado não tem importância; o que conta é ser nova criatura. (Gl 6:15.).

Tiago (Menor), grande asceta da época, **legítima personificação do conservadorismo religioso de Israel**, nascido e criado em ambiente visceralmente judaico, perseguiu Paulo, considerando-o herético e um homem muito perigoso. As divergências entre Paulo e Tiago revelavam, porém, uma belíssima união fraternal. No fundo, ambos se amavam e amavam o mesmo ideal. Tiago cumprindo excelsa missão junto ao Judaísmo; Paulo, junto aos gentios. **Ora, divergir é normal, discordar é comum; estamos mergulhados no oceano de díspares zonas de compreensões.** Todavia, o que não pode acontecer é a dissensão – isto é, deixar-nos arrastar pelas paixões; se assim fizermos, iremos desunir.

Notas

1. O Evangelho do Crucificado, redivivo pelo Espiritismo, também passou por essa infeliz contenda. Aliás, ainda hoje passa. Mas o próprio Codificador do Espiritismo – Allan Kardec – fez esse vaticínio, que podemos encontrar exarado na *Revista Espírita* de junho de 1865, da seguinte forma: "O Espiritismo, repetimos, ainda tem de passar por rudes provas e é aí que Deus reconhecerá seus verdadeiros servidores, por sua coragem, firmeza e perseverança. Os que se deixarem abalar pelo medo ou por uma decepção são como esses soldados, que só têm coragem nos tempos de paz e recuam ao primeiro tiro. Entretanto, a maior prova não será a perseguição, **mas o conflito das ideias que será suscitado**, com cujo auxílio esperam romper a falange dos adeptos e a imponente unidade que se faz na Doutrina."

2. Se tivesse vingado a mentalidade dos judeus-cristãos **não teríamos um Cristianismo mundial, mas sim um Judaísmo cristianizado**. O Espiritismo, como doutrina codificada para a divulgação popular da realidade espiritual, é também a fonte de Amor vinculada à aura amorosa do Cristo Planetário da Terra. A Doutrina Espírita rejeita símbolos, fórmulas misteriosas, liturgias cansativas e o manuseio de objetos adorativos, a fim de que os seus adeptos entrem em contato mais rápido com a fonte crística da vivência humana. Enquanto os religiosos dogmáticos demoram mais tempo entretidos nas cerimônias litúrgicas do mundo, os espíritas podem conseguir melhor aproveitamento de tempo na busca da Realidade Espiritual, mais pela "ação NO Bem" do que pela "adoração DO Bem".

   O fundamental no Espiritismo é que seus adeptos consigam viver o universalismo do amor crístico ilimitado, sem transformá-lo numa doutrina religiosa tão primária e sectarista quanto as demais organizações religiosas já existentes. Estão completamente errados os líderes e adeptos espíritas que pregam a doutrina num contraste agressivo com os demais credos e doutrinas vigentes. Disso resultam inimizades, desgostos e humilhações alheias, completamente opostos ao sentido amoroso e universalista do Espiritismo, bem como os ensinamentos que o Crucificado deixara entre nós – a Humanidade.

Quanto mais a criatura progride espiritualmente, ela mais se afasta das liturgias, uma vez que confundem o verdadeiro sentimento religioso inato na intimidade espiritual do Humano Ser. Os ensinamentos do Espiritismo devem ser aceitos incondicionalmente, pois são despidos de vícios, de distorções, de dogmas, de prescrições ou de liturgias, pois representam uma libertação completa do modo de pensar e de viver. (cf. Mt 15:7-11; Mc 7:7-9.)

3. As palavras que iremos narrar a seguir obviamente não servem diretamente a Simão Pedro, porque ele dera seu testemunho, depois de cingido (cf. Jo 21:18) e colocado de cabeça para baixo em uma cruz. Não olvidamos, porém, que o *apascentador das ovelhas (cordeiros) de Jesus* (cf. Jo 21:15-17) era um homem de pouca fé, mas que a vida física ensinou-o a adquiri-la pelas provações por que passou, após o retorno de Jesus, o Cristo, ao Pai.

   Nossa narrativa, em verdade, é para a Humanidade de modo geral, pois trata-se da hipocrisia – mãe da demagogia –, que se assemelha à víbora que desperta para ferir de morte o seu benfeitor. É mais temível do que a pantera que devora uma criancinha, porque a fera é inconsciente do ato cruel que pratica, e fá-lo, às vezes, para saciar a fome, obedecendo aos impulsos imperiosos da natureza. Já o falsário (o vingativo) medita longamente no delito que pretende perpetrar, realizando-o com inteira lucidez e assentimento da razão, que é farol aceso na enseada da consciência, a fim de que não deixe entrar nela nenhum navio inimigo. Ai de quem vibra em coração amigo o dardo envenenado da traição ou da perfídia! Esperam-no decênios de angústias e de ríspidas expiações. Não há saída: a hipocrisia que porventura o Espírito tenha imprudentemente acumulado no presente, ou nas existências físicas anteriores, forma um patrimônio mórbido-psíquico, uma carga insidiosa e tóxica que, em obediência à Lei da Harmonia Espiritual, deve ser expurgada da delicada intimidade do perispírito. Bem disse o Filho do Homem: "Acautelai-vos primeiramente do fermento dos fariseus, que é a hipocrisia. Mas nada há encoberto que não haja de ser descoberto; nem oculto, que não haja de ser sabido" (Lc 12:1-2).

   Quanto à advertência de Paulo, relatada em sua Carta aos Gálatas (2:11-14), foi corretíssima, uma vez que há casos, sim, em que convenha se desvende o mal de outrem. Basta apelar para a caridade bem compreendida. "Se as imperfeições de uma pessoa só a ela prejudicam, nenhuma utilidade haverá nunca em divulgá-la. Se, porém, podem acarretar prejuízo a terceiros, deve-se atender de preferência ao interesse do maior número. Segundo as circunstâncias, desmascarar a hipocrisia e a mentira pode constituir um dever, pois mais vale caia um homem do que virem muitos a ser suas vítimas. Em tal caso, deve-se pesar a soma das vantagens e dos inconvenientes." (São Luís, *O Evangelho Segundo o Espiritismo*, cap. X, item 21.)

4. O vocábulo *indignar-se* é o melhor para expressar o estado de alma de Paulo. O Espírito Emmanuel, no livro *Paulo e Estêvão*, capítulo V, diz que com a atitude tomada por Simão Pedro fazendo com que Tito fosse levado a ser circuncidado, Paulo "desgostou-se profundamente, figurando-se lhe a um crime"; "estava consternado", em "profunda

repugnância". Desse modo, alguém se indignar com alguma atitude alheia não significa que ela esteja em desequilíbrio psicológico (irritada, colérica). Não. Traremos uma frase do Bispo de Hipona – Agostinho –, que valerá o bom entendimento do comportamento do Apóstolo da Gentilidade. Ei-la: "A esperança tem duas filhas lindas, a indignação e a coragem. A indignação nos ensina a não aceitar as coisas como estão; a coragem, a mudá-las."

Ressaltamos que depois de uma semana de assembleia, todos os pontos a serem tratados foram aprovados, com a exceção da obrigatoriedade da circuncisão dos gentios. E isso deixou Paulo assaz contente.

A segunda viagem

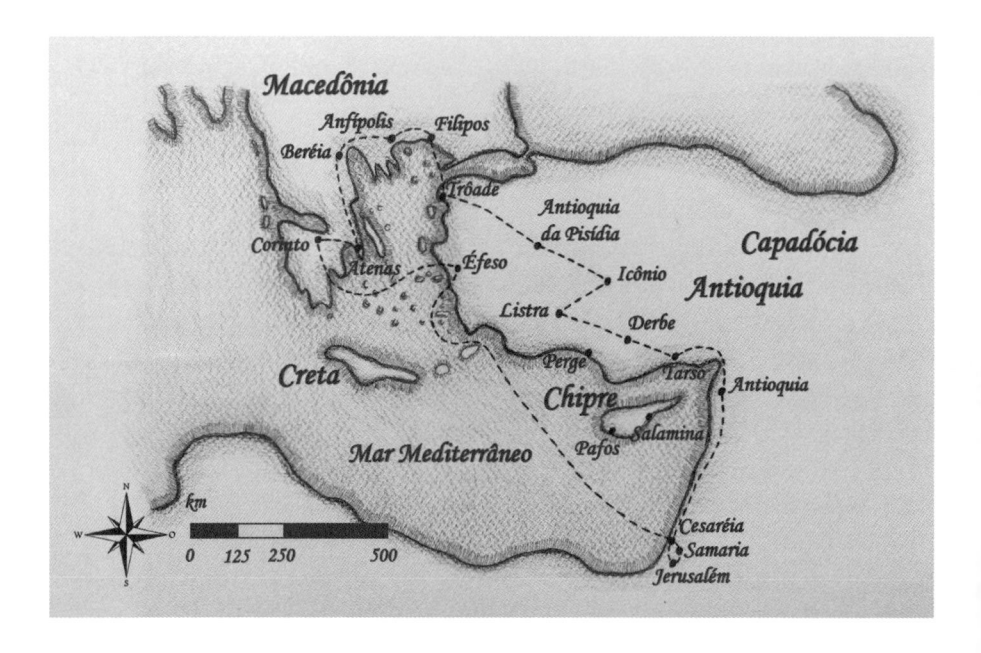

De volta a Antioquia, Barnabé, depois de um diálogo com Paulo, fora convencido de que seu sobrinho – João Marcos – não poderia acompanhá-los na segunda viagem apostólica. Resultado: separaram-se. Malgrado, em senso comum (e com alegria), Barnabé vai com João Marcos para a Ilha de Chipre, pregar a Boa Nova de Jesus, e Saulo vai seguir viagem, agora com Silas (ou Silvanus, como ele prefere chamá-lo, latinizando-lhe o nome grego), na empreitada de pregação aos gentios.[1]

Desde esse dia, desaparece a figura de Barnabé no contexto do seu célebre amigo tarsense – ou seja, seu companheiro na primeira viagem apostólica fica no anonimato. Porém, na primeira Epístola aos Coríntios,

Paulo faz de Barnabé menção honrosa, **demonstrando que jamais o esquecera**. Na referida carta também questiona se não podia levar consigo auxiliar feminina, diferentemente do que faziam Simão Pedro, Tiago (Menor) e outros apóstolos.

Observemos:

> Não temos nós direito de levar conosco uma esposa crente, como também os demais apóstolos, e os irmãos do Senhor, e Cefas? Ou só eu e Barnabé não temos direito de deixar de trabalhar? (1 Co 9:5-6.)

Pois bem. **Era março do ano 49.** Nessa primavera, Paulo e Silas, depois de margearem o grande açude de Antioquia, começam a entrar pelas montanhas cujas altitudes se encontram a 900 metros acima do nível do mar. Os dois passaram à extensa Planície de Issus, cujo destino era Tarso, da Cilícia.[2]

De Tarso, demandando as alturas do Taurus (cf. o texto: *Rápida Biografia*, deste livro), foram a Derbe. Depois de alguns dias, foram para Listra – cidade esta em que no corpo físico do ex-rabino estavam registradas as cicatrizes do apedrejamento que sofrera por ocasião da primeira viagem.[3]

Paulo e Silas ficaram em Listra algum tempo, com Timóteo – discípulo que muito amava –, não se furtando, obviamente, da presença agradável de Eunice (mãe de Timóteo) e Loide (avó desse cristão tão valoroso). Na véspera de sua partida de Listra, Timóteo pediu encarecidamente a Paulo que o levasse em sua companhia. E assim foi feito:

> [...] Paulo acedeu de bom grado. Aceitaria a cooperação de Timóteo com sincero prazer. O rapaz, a seu turno, conhecendo a decisão, não sabia como traduzir seu profundo reconhecimento, com transportes de alegria. (Emmanuel, *Paulo e Estêvão*, Segunda Parte, cap. VI.)[4]

E naquele outono de 49, Paulo, Silas e Timóteo demandaram Icônio e depois Antioquia da Pisídia. Perlustraram a Frígia (cf. At 16:6), ainda que pese não constar, no mapa da segunda viagem apostólica, visita a essa região. Todavia, segundo Emmanuel, no livro *Paulo e Estêvão*, Segunda Parte, capítulo VI, houve passagem por lá. **De nossa parte, acreditamos que Paulo tenha ido a Colossas, cidade situada na Frígia, pois sua Carta aos Colossenses não pode ter sido à matroca.**

De lá, **depois de uma semana**, Paulo e seus dois companheiros (Silas e Timóteo) resolvem ir, a pé, na direção da região da Mísia, mas capta, intuitivamente, que não era ali o local de trabalho na pregação das alvíssaras de Jesus. Pensa, então, ir à região da Bitínia, mas:

> O Espírito [não Jesus, conforme acreditam os católicos e evangélicos, e sim o Espírito Estêvão, conforme a obra *Paulo e Estêvão*, e assim creem os espíritas] não lho permitiu. E, tendo passado por Mísia, desceram a Trôade. (At 16:6-7.)

Essa cidade está situada a noroeste da Ásia Menor (Anatólia), em que, no passado, haviam-se guerreado gregos e troianos, por causa de uma mulher chamada Helena, como se lê na famosa *Ilíada*, de Homero.[5]

E foi em Trôade, quando, altas horas da noite, Paulo teve uma visão espiritual de um macedônio que lhe rogou:

– Vem para a Macedônia e ajuda-nos.

E assim se fez. Lucas diz que:

> depois dessa visão, procuramos partir imediatamente para a Macedônia, pois estávamos convencidos de que Deus acabava de nos chamar para anunciar-lhes a Boa-Nova. (At 16:9-10.)[6]

Saulo não titubeou. Chegam à região da Samotrácia – nas cidades de Neápolis (que não consta nos mapas comuns), **onde ficaram dois dias**, e Filipos (cf. At 16:11). A Macedônia serviu de ponto de contato e traço de união entre a Ásia e a Europa. E, a partir daí, com a *força do espírito* e não com o *espírito da força*, o Apóstolo da Gentilidade iria conquistar o mundo inteiro com a cruz do Cristo Jesus.

Em Filipos, cidade fundada por soldados romanos no século II a.C., haviam sido implantados o culto às divindades romanas: Minerva, Diana, Mercúrio. Era uma Roma em miniatura, com seu fórum, o seu teatro, o seu castelo e as suas muralhas. Os habitantes de Filipos, de modo geral, eram de espírito guerreiro, amantes da liberdade. **As mulheres, por incrível que pareça, participavam da vida civil, nas eleições e, não raro, nas revoluções.** Por falta de número suficiente de doutores da lei, **não havia sinago-**

ga no lugar, mas sim uma casa de oração, ao ar livre, rodeada apenas por muros baixos, sombreada por algumas árvores, e acreditem: **composta somente de damas**.

E foi ali que Paulo adentrou com simplicidade, ao nascer do Sol de uma sugestiva manhã de outono, e começou a pregar efusivamente, emocionando as mulheres presentes, principalmente uma rica comerciante de púrpura chamada Lídia, já convertida ao Evangelho do Crucificado. E, sem hesitar, ela ofereceu sua própria casa não somente como local de reunião cristã, como também de hospedagem aos apóstolos cristãos (cf. At 16:13-15).

Salientamos que o ex-rabino, à entrada da cidade de Filipos, já havia sugerido que Lucas e Timóteo fossem:

> [...] Por outros caminhos, para Tessalônica, onde os quatro se reuniriam mais tarde. Com esse programa, nem uma aldeia ficaria esquecida e as sementes do Reino de Deus seriam espalhadas nos meios mais simples. A ideia foi aprovada com satisfação. [...] Esclarecido o assunto, entraram na cidade onde o médico e o jovem de Listra [Timóteo] descansariam um pouco, antes de tomarem o rumo de Tessalônica por estradas diferentes, de modo a multiplicar os frutos da missão. (Emmanuel, *Paulo e Estêvão*, Segunda Parte, cap. VI.)

Ficam, portanto, em Filipos apenas Paulo e Silas.[7]

Em Filipos havia uma famosa jovem escrava que era médium ostensiva. Nesses seus estados de transe, era sempre um Espírito inferior que se utilizava dela, falando em diversas línguas, respondendo os questionamentos dos circunstantes e revelando coisas que se passavam à distância. Explorada por seus donos, lucravam com estado infeliz em que a moça se apresentava.[8]

Frequentemente, a sibila fazia franca propaganda do Evangelho de Jesus e de seus arautos, louvando-os, tamanha a astúcia dessa entidade das trevas. Para um desavisado ou um pseudocristão, teria sido de vantagem para a causa sagrada que Paulo e Silas advogavam. Entretanto, a exemplo do Cordeiro de Deus, que não tolerava bajulações de quaisquer níveis, Saulo recusa esse auxílio prestado por um Espírito de baixo escalão moral, dizendo:

> [...] Em nome de Jesus, [o] Cristo, te mando que saias dela. E na mesma hora saiu. (At 16:18.)

No mesmo instante, o invisível algoz abandonou o corpo da jovem. Todos pasmaram do poder daquele nome – Jesus. A menina mudou o semblante e atitude; já não era mais a mesma, pois estava calma, tranquila, e, com lágrimas nos olhos, prostrou-se aos pés do seu libertador e acompanhou-o à casa de oração, em cuja estrutura, como já narramos, não havia tetos.

Três dias depois desse fato, Paulo e Silas foram surpreendidos na praça da cidade e açoitados. Em seguida, foram presos em uma enxovia subterrânea (não sabemos se completa ou parcialmente escura, conforme eram as prisões naquela época). Saindo da prisão, entraram em casa de Lídia, e, vendo os irmãos, confortaram-nos. Depois de alguns dias, partiram com suas consciências tranquilas, pois eram inocentes. E mais: o Evangelho do Cristo Jesus estava sendo pregado por dois honrados e leais cidadãos romanos, e não por um par de desocupados anônimos.

O destino era Tessalônica (cf. At 7:1 ss), capital da Macedônia, situada em um dos maiores e mais seguros portos do Mar Egeu. Timóteo e Lucas, que já aguardavam Paulo e Silas na cidade, hospedaram-se em casa de um judeu tecelão que se chamava Jesus, mas que helenizava seu nome, mudando-o para Jason. Havia uma sinagoga na cidade, e durante três sábados Paulo lá pregou sobre as Escrituras e falou do Crucificado. Embora tenha enfrentado alguns dissabores com os poucos judeus da cidade, não podendo levar a termo a sua tão bem iniciada campanha evangélica, pois aqueles estavam à sua espreita por toda parte, Saulo obteve resultado satisfatório em suas palestras, com muitos gentios e não poucas mulheres. Ele mesmo revelaria, mais tarde, assim:

> Porque por vós soou a palavra do Senhor, não somente na Macedônia e em Acaia, mas também em todos os lugares a vossa fé para com Deus se espalhou, de tal maneira que já dela não temos necessidade de falar coisa alguma; porque eles mesmos anunciam de nós qual a entrada que tivemos para convosco, e como dos ídolos vos convertestes a Deus, para servir ao Deus vivo e verdadeiro, e esperar dos céus o seu Filho, a quem ressuscitou dentre os mortos, a saber, Jesus, que nos livra da ira futura. (1 Ts 1:8-10.)

Em seguida, **já no fim do ano 50**, os quatro destemidos cristãos foram para a cidadezinha de Bereia, situada a uns 60 quilômetros de Tessalônica, tomando rumo oeste, pela praia do mar. Lá vivia um povinho tranquilo, que nada sabia, nem queria saber do tumulto do grande empório comercial da metrópole da Macedônia – Tessalônica.

Paulo e seus três companheiros (Timóteo, Silas e Lucas) intencionavam ficar algum tempo nesse idílio montanhês. Nessa cidade, o Apóstolo da Gentilidade ganhou um prestimoso colaborador chamado Sópatro. Mais tarde, encontrá-lo-emos entre os companheiros de viagem do ex-rabino.

Infelizmente, apareceram em Bereia judeus de Tessalônica e começaram a minar, negativamente, o terreno à guisa de chacais que perseguem o viajante com latidos (cf. At 17:13). O próprio Paulo compararia os seus adversários macedônios a molestos caninos:

> Guardai-vos dos cães, guardai-vos dos maus obreiros, guardai-vos da circuncisão. (Fp 3:2.)

Pois bem:

> [...] Os ânimos exaltaram-se. Lucas, Timóteo e Silas foram obrigados a afastar-se, perambulando pelas aldeias circunvizinhas. Paulo foi preso e açoitado. À custa de grandes sacrifícios dos simpatizantes de Jesus, deram-lhe liberdade, com a condição de retirar-se dentro do menor prazo possível.
> [...] À custa de grandes sacrifícios dos simpatizantes de Jesus, deram-lhe liberdade, com a condição de retirar-se dentro do menor prazo possível. [...] Era noite quando os irmãos de ideal conseguiram trazê-lo do cárcere para a via pública. (Emmanuel, *Paulo e Estêvão*, Segunda Parte, cap. VI.)[9]

Resultado: a fim de prevenir males maiores, os amigos de Paulo insistiram que ele abandonasse a cidade. Receavam pela vida do nosso protagonista. Paulo atendeu a seus pedidos e encaminhou-se ao porto da cidade. Deixou, porém, na Bereia, Silas e Timóteo (cf. At 17:14), bem como Lucas, que, juntamente com Silas, estavam doentes. Já Timóteo, tinha compromisso com sua mãe no Porto de Corinto.

O destino de Saulo era a região da Acaia, na cidade de Atenas. Lá chegando, doente e saudoso, acompanhado de irmãos em Cristo, despediu-se dos amigos e pediu-lhes que enviasse um recado a Silas e Timóteo, para que viessem o quanto antes (cf. At 17:15).

O ex-discípulo de Rabban Gamaliel I **fica sozinho** na capital da Grécia, cuja filosofia pagã era dominante (cf. Emmanuel, *Paulo e Estêvão*, Segunda Parte, cap. VI).[10]

Na Ágora, praça pública de Atenas, Paulo fala de Jesus e *Anástasis*.[11] Ganhou muitos ouvidos, **por acreditarem ser um novo casal divino**. Não poderia ser diferente, haja vista que na Grécia cada vício e cada virtude tinha a sua divindade peculiar, masculina e feminina.

De súbito, convidaram Paulo a realizar uma conferência no Areópago – Tribunal de Justiça (o senado de Atenas), célebre pela honestidade e retidão no juízo, que funcionava a céu-aberto, em Atenas, desempenhando papel importante em política e assuntos religiosos. O ex-rabino, com alguma insistência, aceitou o convite para ir à famosa colina.[12]

O discurso de Saulo no Areópago, ainda que pese a riqueza de detalhes do historiador Lucas (cf. At 17:22-33), não consegue descrever a magnificência da oratória, admiravelmente adaptada ao ambiente, com colorido local e de uma clássica beleza. Malgrado, o apóstolo tarsense não logrou êxito em seu intento, granjeando pouquíssimos adeptos à doutrina do Crucificado – dentre eles, Dionísio, ilustre juiz de Atenas, e Dâmaris, nobre dama da cidade (cf. At 17:34).

Por fim, Paulo desceu do Areópago sem ter proferido, sequer, o nome *Cristo* – para ele tão adorado, que lhe ardia na alma e que lhe valia mais do que toda filosofia da Grécia e do mundo inteiro. Com um sentimento de amarga decepção, a sós, naquela noite, chorou. A mensagem divina não encontrou ressonância naquelas almas demasiadamente humanas. Ora, o indivíduo escravizado pelo gozo material e pelo orgulho intelectual não sente o Cristo, porquanto para compreendê-Lo mister se faz ter sofrido muito, e com humildade.

O Espírito Amélia Rodrigues, pela mediunidade de Divaldo Pereira Franco, no livro *Há Flores no Caminho*, capítulo XIII, assevera:

> [...] Somente aqueles que palmilham as estradas do sofrimento possuem resistência para a dor e autoridade para o ensino da verdade.

E no capítulo XXII do livro *Pelos Caminhos de Jesus*, a mesma benfeitora espiritual acima mencionada diz que:

> [...] a fragilidade humana é barro que pode ser cozido nos altos fornos do sofrimento, a fim de adquirir consistência, inteireza.

Vianna de Carvalho (Espírito), no livro *Espiritismo e Vida*, capítulo XIX, afirma que:

> [...] nenhuma edificação do Bem alcança a sua gloriosa destinação dispensando os heróis da abnegação e da renúncia. Incompreendidos, no início, suportam as dificuldades mais sérias confiantes no resultado dos esforços, vencendo as intempéries de todo tipo, os enfrentamentos mais covardes e rudes, traiçoeiros e ignóbeis, firmes de decisão até o momento em que o triunfo do ideal os aureola com o martírio demorado.

Ressaltamos que em nenhuma de suas Cartas Paulo se refere aos atenienses, pois não chegou a fundar na capital grega uma igreja coesa, com vida própria.

Ainda no ano 50, de Atenas, Saulo prosseguiu seu itinerário dirigindo-se à maior cidade da Grécia – Corinto (cf. At 18:1) –, reedificada por Júlio César (100-44 a.C.), e contava, à época, com quase meio milhão de habitantes, mesclado de raças e classes sociais. Corinto era o coração da Acaia, chave do Peloponeso. Mas, infelizmente, a cidade era considerada a capital mundial da luxúria, e o vício enfeitava a própria liturgia sacra.

Acabrunhado, pelo quase total insucesso na capital grega (Atenas), já com Timóteo, que com ele lá se encontrou, Paulo não aceitou a proposta de embarcar no Porto de Pireu com destino ao Porto de Cencreia (8 km a sudeste de Corinto), preferindo ir a pé, num percurso de 65 quilômetros. A informação abaixo é exclusiva da obra *Paulo e Estêvão*, Segunda Parte, capítulo VII:

> [...] Timóteo notou-lhe a tristeza singular e debalde procurou convencê-lo da conveniência de seguir por mar, em vista das facilidades no Pireu. Ele fez questão de ir a pé, visitando os sítios isolados no percurso.

Ao entrar na cidade de Corinto, Saulo, depois de se encontrar com Loide e Eunice – avó e mãe de Timóteo, respectivamente –, foi buscar Áquila e Prisca (os primorosos e velhos amigos tecelões do deserto da Arábia). O lar do casal cristão era um bazar de tapetes, situado em uma rua movimentada. Nessa tenda, Paulo alugou um modesto tear, adquiriu quantidade suficiente de matéria-prima e começou logo a trabalhar em seu ofício com grande ardor. Esse trabalho diuturno e monótono, em um bazar aberto e acessível a todos os transeuntes, proporcionava ao Apóstolo da Gentilidade magnífica oportunidade para lançar a semente da Boa Nova de Jesus nos corações dos visitantes e fregueses. Imagine, caro leitor: eram conversas fraternas *todos os dias*, quase *o dia todo*.[13]

O Espírito Emmanuel diz que Paulo:

> [...] Desejoso de reintegrar-se na serenidade de suas realizações ativas, olvidando a frieza ateniense, Paulo comentou o projeto da fundação de uma Igreja em Corinto, ao que Áquila e sua mulher se prontificaram para todos os serviços. (*Paulo e Estêvão*, Segunda Parte, cap. VII.)

Certo dia, chegaram da Macedônia ricos donativos dos cristãos e simpatizantes. Boa parte dessas dádivas iam, certamente, por conta da liberalidade de Lídia (a purpureira de Filipos), bem como do bom amigo Jason (de Tessalônica). Resultado: a partir desse dia, podia o ex-discípulo de Rabban Gamaliel I dedicar, integralmente, todo o seu tempo à pregação do Evangelho de Jesus. E assim se fez: Paulo falou, pela primeira vez, na sinagoga da cidade. Ouviram-no judeus, gregos, romanos, neocristãos.[14]

Depois de pregar semanalmente, diz Emmanuel que:

> [...] os israelitas não toleravam a superioridade de Jesus sobre Moisés, e, se consideravam o Cristo como profeta da raça, não o suportavam como Salvador. Paulo aceitou os desafios, mas não conseguiu demover corações tão endurecidos.
> [...] Alguns israelitas mais exaltados quiseram agredi-lo, provocando tumulto. Mas um romano de nome Tito Justo, presente à assembleia, e que, desde a primeira pregação, sentira-se fortemente atraído pela poderosa personalidade do apóstolo, aproximou-se e estendeu-lhe os braços de amigo. Paulo pôde sair incólume do recinto, encaminhando-se para a residência do benfeitor, que pôs à sua disposição todos os elementos imprescindíveis à organização de uma Igreja ativa. (*Paulo e Estêvão*, Segunda Parte, cap. VII.)

Certa feita, foi ter com Paulo o próprio chefe da sinagoga israelita e manifestou o desejo de aderir à igreja do Nazareno. Chamava-se Crispo (?-†). Contudo, não era possível que tão brilhantes vitórias deixassem de acirrar os ódios e invejas de almas mesquinhas. **Ah! É da alma humana, de caráter baixo, sentir-se ofendida pessoalmente, ofuscando seu ego avassalador, com glórias** que recaiam sobre algum de seus semelhantes. Não admite coisa alguma acima da sua mediocridade, que julga sublime e inigualável.

Ensina-nos Manoel Philomeno de Miranda, no livro *Transtornos Psiquiátricos e Obsessivos*, capítulo XI:

> [...] O indivíduo, quando não possui valores ético-morais e espirituais para sobrepor-se àquele que considera competidor, atira-lhe lama, a fim de ocultar-lhe o brilho, exibindo a própria baba.

Outrossim, bem esclarece o mentor espiritual Sidônio ao Espírito André Luiz, na obra *Libertação*, capítulo XVI:

> [...] Enquanto a criatura é vulgar e não se destaca por aspirações de ordem superior, as inteligências pervertidas não se preocupam com ela; no entanto, logo que demonstre propósitos de sublimação, apura-se-lhe o tom vibratório, passa a ser notada pelos característicos de elevação e é naturalmente perseguida por quem se refugia na inveja ou na rebelião silenciosa, visto não conformar-se com o progresso alheio.

Em breve, estava Corinto transformada em um campo de batalha. Hostilizava os judeus, de todos os modos, a pregação do nome de Jesus. Mas Saulo manteve-se intrépido. Vejamos:

> Disse o Senhor [porém], em visão a Paulo: Não temas, mas fala, e não te cales; porque eu sou contigo, e ninguém lançará mão de ti para te fazer mal, pois tenho muito povo nesta cidade. E [Paulo] ficou ali [em Corinto] **um ano e seis meses [entre 51 e 52]**, ensinando entre eles a palavra de Deus. (At 18:9-11.)

E foi nesse período que iniciaram suas Epístolas, em folhas de papiros.[15]

A **Primeira Epístola aos Tessalonicenses** foi redigida por Paulo, juntamente com Timóteo e Silas. É o primeiro e mais antigo livro que possuímos da pena do grande apóstolo, e do próprio Novo Testamento. Com a Primeira Carta aos Tessalonicenses, inaugura-se na Bíblia um novo gênero literário: a instrução religiosa por meio de missivas. As Epístolas Paulinas – algumas bem extensas – dão a entender o quanto Saulo estimava esse meio de intercâmbio espiritual. A **Segunda Epístola aos Tessalonicenses** foi escrita três meses após a Primeira Epístola, em 51.[16]

As Cartas Paulinas antecedem em muito o aparecimento dos Evangelhos Canônicos, e, obviamente, a própria institucionalização do Cristianismo, que ocorreu no ano 325, no Concílio de Niceia (na Bitínia – região situada a noroeste da Ásia Menor, atual Turquia), sob as ordens do Imperador Romano Constantino, o Grande (272-337).[17]

Perguntar-se-ia: mas como isso pôde ter acontecido? A resposta é simples: NÃO EXISTIA nenhum Evangelho Canônico quando o ex-rabino saiu para propagar a doutrina do Cristo aos gentios. Não deixaremos no ostracismo ALGUMAS ANOTAÇÕES que o evangelista Levi Mateus havia escrito, e o benévolo Ananias (residente em Damasco):

> [...] Revolvendo o interior de surrada patrona, retirava alguns pergaminhos amarelentos, nos quais conseguira reunir alguns elementos da tradição apostólica. (Emmanuel, *Paulo e Estêvão*, Segunda Parte, cap. I.)

Paulo, sem titubear, compra alguns velinos e copia aquelas importantes (embora não muitas) anotações do filho de Alfeu. Somente mais tarde, Paulo obteve "uma cópia integral das anotações de Levi" (Emmanuel, *Paulo e Estêvão*, Segunda Parte, cap. II), por meio de seu preceptor Rabban Gamaliel I, quando este fora visitar a Igreja do Caminho, em Jerusalém, e lá recebera de Simão Pedro "uma cópia, em pergaminho, de todas as anotações de Mateus sobre a personalidade do Cristo Jesus e seus gloriosos ensinamentos" (Emmanuel, *Paulo e Estêvão*, Primeira Parte, cap. VII).

Diz o Espírito Emmanuel, no livro *Paulo e Estêvão*, Segunda Parte, capítulo VII, que:

> [...] assim começou o movimento dessas cartas imortais, cuja essência espiritual provinha da esfera do Cristo, por intermédio da contribuição amorosa de Estêvão – companheiro abnegado e fiel daquele que se havia arvorado, na mocidade, em primeiro perseguidor do Cristianismo.[18]

Já estamos na primavera do ano 52. Corinto (capital da região de Acaia) estava sem governador. Para a administração de zonas dessa importância, costumava Roma escolher pessoas de qualidades excepcionais; e foi escolhido um dos homens mais inteligentes e distintos da época. Chamava-se Marcus Annaeus Novatus (?-65). Mais tarde, mudaria para Gálio (ou Galião) após ser adotado por um patrono rico de mesmo nome. No livro Atos dos Apóstolos, Novatus aparece como Gálio – nome que ele começou a usar no fim de 52 ou início de 53.[19]

Mal souberam os judeus da chegada de Galião a Corinto, tentaram logo aproveitar-se da bondade dele para executar os seus planos de vingança contra Paulo, pois sabiam eles que, se as coisas continuassem naquele ritmo seria cada vez mais diminuído o prestígio na sinagoga, enquanto a doutrina do Crucificado ia ganhando terreno, dia após dia.

Em um dia inesperado, os judeus assalariaram os piores elementos da plebe, no intuito de invadir a modesta oficina do pobre tecelão-apóstolo, e arrastaram-no ao tribunal do governador. Antes que Galião pudesse proferir palavra, vociferaram os judeus:

> [...] Este persuade os homens a servir a Deus contra a lei. (At 18:13.)

E o bondoso filósofo, depois de ouvir em silêncio a torrente de acusações, viu diante de si o semblante imperturbável de Saulo. Os detalhes, privativos do Espírito Emmanuel, estão na obra *Paulo e Estêvão*, Segunda Parte, capítulo VII, que, pedindo vênia ao leitor, gostaríamos de citar abaixo:

> [...] O Apóstolo [Paulo] notou que a assembleia se compunha, na maioria, de gregos de fisionomia simpática, muitos deles seus conhecidos pessoais dos trabalhos de assistência da Igreja.
>
> [...] O procônsul, de conformidade com a praxe, teria de ouvir as partes em litígio antes de pronunciar qualquer julgamento, apesar das queixas e acusações exaradas em pergaminho.
>
> [...] Pelos judeus falaria um dos maiores da sinagoga, de nome Sóstenes, mas, como não aparecesse o representante da Igreja de Corinto para a defesa do Apóstolo, a autoridade reclamou o cumprimento da medida sem perda de tempo. Paulo de Tarso, muito surpreendido, rogava intimamente a Jesus fosse o patrono de sua causa, quando se destacou um homem que se prontificava a depor em nome da Igreja. Era Tito Justo, o romano generoso, que não desprezava o ensejo do testemunho. Verificou-se, então, um fato inesperado: os gregos da assembleia prorromperam em frenéticos aplausos.
>
> [...] Sóstenes entrou a falar com grande aprovação dos judeus presentes. Acusava Paulo de blasfemo, desertor da Lei, feiticeiro. Referiu-se ao seu passado, acrimo-

niosamente. Contou que os próprios parentes o haviam abandonado. O procônsul ouvia atento, mas não deixou de manter uma atitude curiosa. Com o indicador da direita comprimia um ouvido, sem atender à estupefação geral. O maioral da sinagoga, no entanto, desconcertava-se com aquele gesto. Terminando o libelo tanto apaixonado quanto injusto, Sóstenes interrogou o administrador da Acaia relativamente à sua atitude, que exigia um esclarecimento, a fim de não ser tomada por desconsideração.

Gálio, porém, muito calmo, respondeu fazendo humorismo: – Suponho não estar aqui para dar satisfação de meus atos pessoais, e sim para atender aos imperativos da justiça. Todavia, em obediência ao código da fraternidade humana, declaro que, a meu ver, todo administrador ou juiz em causa alheia deverá reservar um ouvido para a acusação e outro para a defesa.

[...] Passado o incidente humorístico, Tito Justo aproximou-se e falou sucintamente da missão do Apóstolo. Suas palavras obedeciam a largo sopro de inspiração e beleza espiritual. Júnio Gálio, ouvindo a história do convertido de Damasco, dos lábios de um compatrício, mostrou-se muito impressionado e comovido. De vez em quando, os gregos prorrompiam em exclamações de aplauso e contentamento. Os israelitas compreenderam que perdiam terreno de momento a momento.

Ao fim dos trabalhos, o chefe político da Acaia tomou a palavra para concluir que não via crime algum no discípulo do Evangelho; que os judeus deviam, antes de qualquer acusação injusta, examinar a obra generosa da Igreja de Corinto, porquanto, na sua opinião, não havia agravo dos princípios israelitas; que a só controvérsia de palavras não justificava violências, concluindo pela frivolidade das acusações e declarando não desejar a função de juiz em assunto daquela natureza. Quando Júnio Gálio declarou que Paulo devia considerar-se em plena liberdade, os aplausos atingiram o delírio. A autoridade recomendou que a retirada se fizesse em ordem [cf. At 18:16], mas os gregos aguardaram a descida de Sóstenes e, quando surgiu a figura solene do "mestre", atacaram sem piedade [cf. At 18:17]. Estabelecido enorme tumulto na escada longa que separava o Tribunal da via pública, Tito Justo acercou-se aflito do procônsul e pediu que interviesse. Gálio, entretanto, continuando a preparar-se para regressar a casa, dirigiu a Paulo um olhar de simpatia e acrescentou calmamente: – Não nos preocupemos. Os judeus estão muito habituados a esses tumultos. Se eu, como juiz, resguardei um ouvido, parece-me que Sóstenes deveria resguardar o corpo inteiro, na qualidade de acusador.

Passado um mês desse episódio, no verão do ano 52, Saulo resolveu partir para a cidade de Éfeso, na Ásia Menor, a pedido de João Boanerges (mais tarde, um dos evangelistas). No Porto de Cencreia mandou cortar o cabelo, ou antes raspá-lo à navalha. Lá, havia uma verdadeira cristã de nome Febe, que, sob a orientação do mestre tarsense, exercia intensa atividade no quarteirão dos marinheiros e pescadores daquela cidade cosmopolita, de grande importância comercial e cultural. Dessa maneira, Paulo organizava *ekklesíai* (assembleias, de onde se deriva a palavra *igreja*) comandadas por supervisores (*episkopoi*, bispos) e operada por servidores (*diákonoi*, diáconos), sem exclusão das mulheres. Vejamos:

Recomendo-vos nossa irmã Febe, diaconisa da Igreja em Cencreia. (Rm 16:1.)

Além de seus fiéis colaboradores – Timóteo e Silas –, Paulo levou consigo Áquila e Prisca, que, por sua vez, transferiram para Éfeso a sua pequena indústria têxtil.

Nessa viagem, atravessando o Mar Egeu, serpenteada entre 200 ilhas e ilhotas do arquipélago das Cícladas que circundam a Ilha de Delos, puderam os servos de Jesus observar os encantos e belezas desse grandioso panorama, ainda que pese terem passado por dificuldades durante a viagem. A travessia marítima **deve ter levado uns dez dias**, porquanto os veleiros nesse tempo só viajavam de dia e dependiam do favor dos ventos. Malgrado, o incansável aventureiro do Cristo Jesus, e seus companheiros de caminhada, viram, por detrás da grande Ilha de Samos, as montanhas da Jônia – região da costa sudoeste da Anatólia, hoje na Turquia.

Diz o Espírito Vianna de Carvalho, no livro *Espiritismo e Vida*, capítulo XIX, que:

[...] Éfeso erguia-se suntuosa, derramando-se próxima das águas azuis-turquesas do Egeu, em pleno Fausto da Jônia, na Anatólia, visitada pelos romanos ilustres e outros povos que vinham negociar habilmente e distrair-se nos seus banhos e teatros espetaculares...

[...] Ali se encontrava o famoso templo de Artemis [edificado na soberba eminência de uma gigantesca plataforma, era o maior foco da magia e superstição religiosa da Ásia], a deusa da abundância – anteriormente Cibele e mais tarde Diana, a caçadora – uma das sete maravilhas do mundo antigo. As grandiosas colunas que o ornavam produziam deslumbramento nos visitantes e podiam ser notadas desde o mar, a quase cinco quilômetros de distância....

Destruído e reconstruído várias vezes, incendiado por um louco, os seus escombros denotam, ainda hoje, a audácia e a beleza dos seus construtores, inclusive Praxíteles e Escopas, dois dos mais famosos do mundo que o enriqueceram com estátuas extraordinárias e perfeitas. A deusa era elaborada em mármore polido e ornada de ouro, apresentando as características da exuberância...

Por Éfeso passaram filósofos, que lá viveram e legaram à humanidade páginas de inconfundível beleza, quais foram Heráclito (de Éfeso) e Tales de Mileto...

Situada em um ponto importante, que liga o Oriente ao Ocidente, era um local de cruzamento entre Mileto e a Jônia.

A cidade, envolvente e tumultuada, nas terras de Esmirna, repousava desde então em verdejante vale cercado de montanhas altaneiras e protetoras, proporcionando-lhe temperaturas agradáveis, embora úmidas, nas diferentes épocas do ano.

Suas festividades em abril chegavam a atrair um milhão de pessoas, embora fosse habitada por umas duzentas e cinquenta mil, que vinham das redondezas, assim como de distantes terras, quais Jerusalém e Atenas...

Foi embelezada por atenienses, espartanos, romanos e conquistadores diversos, entre os quais o rei Creso, da Lídia, egípcios, persas, Alexandre Magno, da Macedônia, vencida e ressuscitada por turcos, bizantinos, otomanos, havendo exercido, no seu esplendor, grande importância para o Cristianismo nascente, com quase dois mil anos desde quando fundada, antes que os jônios a dominassem no século XI a.C.

Existia em Éfeso uma colônia israelita com a competente sinagoga. Sendo que o navio permanecia no porto até a semana seguinte, Paulo aproveitou o ensejo, e, no sábado, falou sobre o Messias que aparecera na pessoa de Jesus de Nazaré. Tão grande foi o entusiasmo despertado por essa dissertação, que o Apóstolo da Gentilidade teve de prometer um próximo regresso. Áquila e Prisca retiraram-se de Corinto, e ficaram bem estabelecidos em Éfeso. Saulo partiu juntamente com Timóteo e Silas a Jerusalém, via Cesareia (marítima), **onde passaram alguns dias.** O objetivo era falar com Simão Pedro de suas viagens, entregando-lhe o produto das coletas que realizara durante muitos anos.

Revigorado, Saulo retorna a Antioquia da Síria, onde passa algum tempo pregando na igreja que havia começado suas tarefas (cf. At 18:23).

Notas

1. Paulo não aceitaria para a obra de tamanha responsabilidade um jovem inconstante que não tivera coragem, na primeira viagem apostólica, de impor silêncio às vozes do sangue e afrontar a aspereza das montanhas da Pisídia. Receava nova deserção. Somente um cristão integral poderia ser apóstolo genuíno. E não podemos confundir, caro leitor, a atitude de Paulo, negando a ida de João Marcos na nova tarefa, como falta de caridade. Absolutamente, não!

   Aliás, confunde-se muito *caridade* e *conivência com o erro*. A tolerância (benevolência), um dos caracteres da caridade (cf. *O Livro dos Espíritos*, perg. 886), nem sempre é compreendida, porque adversária da tirania e opositora da prepotência, é malevolamente confundida com a indiferença ou a covardia moral. Algumas vezes, a benevolência ainda é vista como sendo conivente com os erros alheios. **A tolerância, porém, jamais conive.** Ela também não se *impõe*, mas *expõe* com perseverança e conquista pela lógica da razão, auxiliando no amadurecimento do interlocutor ou do adversário que se lhe opõe. Acima da conivência, expressa segurança de opinião e firmeza de proceder.

   E foi assim que Paulo procedeu quando dialogou com Barnabé, não aceitando a ida de seu sobrinho nos novos desafios a serem enfrentados. Ora, "se a criatura ainda não sabe todas as noções mais nobres, relativas à sua vida e deveres terrestres, como consagrar-se com êxito ao serviço divino?" (Emmanuel, *Paulo e Estêvão*, Segunda Parte, cap. V). A firmeza (austeridade) de Saulo sempre obedeceu ao princípio ensinado pelo Cristo Jesus, quando disse: "Seja o vosso falar: sim, sim; não, não, porque o que passa disto é de procedência maligna" (Mt 5:37). Ademais, o Homem austero é disciplinado consigo mesmo e indulgente para com os outros. E nessa espontânea e autoimposta austeridade é que ele encontra o inebriante elixir de uma perene serenidade e profunda suavidade. "O Evangelho, obviamente, não estimula a criminalidade, não endossa o erro, nem convive com a infração. Pelo contrário. Na sua voz imperativa é sempre incisivo quanto ao culto das responsabilidades" (Amélia Rodrigues, *Quando Voltar a Primavera*, p. 96).

   Ressaltamos que de forma alguma aninharam-se na alma de Paulo ressentimentos contra João Marcos. Ele escreveria mais tarde aos Colossenses que "Aristarco [irmão em Cristo da Macedônia], que está preso comigo, vos saúda, e Marcos, o sobrinho de Barnabé, acerca do qual já recebestes mandamentos; se ele for ter convosco, recebei-o" (Cl 4:10). E, quando preso em Roma, na segunda Epístola a Timóteo, escreve: "Só Lucas está comigo. Toma Marcos, e traze-o contigo, porque me é muito útil para o ministério" (2 Tm 4:11).

2. Foi na planície de Issus que, na primavera de 333 a.C., travou-se uma das maiores e mais importantes batalhas da história, entre Alexandre Magno (356-323 a.C.) e Dario III (380-330 a.C.) – a Batalha de Gaugamela. Salientamos que sem a vitória do macedônio sobre o persa não teria sido possível a expedição de Saulo pelas províncias do

Império Romano, como também Atenas não teria formado o organismo do mundo civilizado, oportunizando Paulo a exarar suas "Epístolas" no idioma grego.

3. As viagens apostólicas de Saulo jamais foram fáceis. Certos biógrafos e piedosos veneradores de Paulo de Tarso sentem-se felizes em representar esse homem "santo" impecavelmente vestido de uma linda túnica de vivas cores, ampla toga romana, barba e cabelos bem penteados, sandálias novas nos pés, e nas mãos um respeitável volume dando-lhe o caráter de um exímio doutor da lei. Que triste nova! Em verdade, Paulo passou por imensas dificuldades (vestes rotas, cansaço quase ao extremo, assaltos inesperados, fome, sede, nudez, etc.). Ele mesmo narra, em sua segunda Epístola aos Coríntios da seguinte maneira: "Três vezes fui açoitado com varas, uma vez fui apedrejado, três vezes sofri naufrágio, uma noite e um dia passei no abismo; em viagens muitas vezes, em perigos de rios, em perigos de salteadores, em perigos dos da minha nação, em perigos dos gentios, em perigos na cidade, em perigos no deserto, em perigos no mar, em perigos entre os falsos irmãos; em trabalhos e fadiga, em vigílias muitas vezes, em fome e sede, em jejum muitas vezes, em frio e nudez" (2 Co 11:25-27).

4. Timóteo, grande arauto do Evangelho de Jesus, afeiçoado à leitura assídua da Sagrada Escritura, era filho de mãe judia (Eunice) e de pai grego (cf. At 16:1). Segundo o costume vigente, devia ter sido circuncidado quando pequeno. No entanto, não o fora. Pode causar estranheza que Paulo tenha aconselhado a circuncisão de Timóteo (cf. At 16:3), quando, outrora, não sugeriu que Tito o fosse. Mas é que Tito era filho de pai e mãe pagãos. De mais a mais, no caso de Timóteo concorriam circunstâncias especiais, que aconselhavam essa medida (a circuncisão), a fim de atalhar aos judeus-cristãos todo e qualquer pretexto de não aceitação do Evangelho do Crucificado.

"Timóteo teria de pregar publicamente. Conviveria com os gentios, mas, maiormente, com os israelitas, senhores das sinagogas e de outros centros, onde a religião era ministrada ao povo. Era justo refletir na providência para que o moço não fosse incomodado em sua companhia. O filho de Eunice obedeceu sem hesitação" (Emmanuel, *Paulo e Estêvão*, Segunda Parte, cap. VI), vindo a provar ser um excelente colaborador de Saulo. Escrevendo aos filipenses, Paulo diz: "E espero no Senhor Jesus que em breve vos mandarei Timóteo, para que também eu esteja de bom ânimo, sabendo dos vossos negócios. Porque a ninguém tenho de igual sentimento, que sinceramente cuide do vosso estado" (Fp 2:19-20).

5. E a partir daqui que aparece pela primeira vez o grande médico grego Lucas, que, a seu turno, começa a narrar com o pronome pessoal "nós", visto ele mesmo se associar a Paulo, Silas e Timóteo, rumo a noroeste (cf. At 16:10 ss).

6. Paulo de Tarso, segundo a Doutrina Espírita, possuía a faculdade medianímica de audiência e vidência (cf. *O Livro dos Médiuns*, cap. XIV, itens 165 e 167).

7. Em 167 a.C., os romanos incorporaram a Macedônia ao Império dos Césares, dividindo-a em quatro zonas administrativas, sendo a Tessalônica e Filipos as cidades mais importantes.

8. A moça era médium de incorporação, e, não raro, se encontrava no grau de obsessão conhecido como *subjugação* – ou seja, sob o domínio completo de um Espírito sobre ela, e, com isso, a pitonisa ficava à mercê da entidade desencarnada. E ainda que desejasse repelir a influência do Espírito sobre si, não conseguia. Em outras palavras: ela ficava com sua vontade inteiramente paralisada, ainda que não quisesse que isso acontecesse.

Allan Kardec trabalhou tal temática na Revelação Espírita (*O Livro dos Espíritos*) e durante toda sua vida material, por meio dos periódicos mensais (as *Revistas Espíritas*), o que, por sua vez, resultou na construção das quatro obras da Codificação Espírita: *O Livro dos Médiuns*, *O Evangelho Segundo o Espiritismo*, *O Céu e o Inferno* e *A Gênese*.

Observemos como o mestre lionês foi tomando conhecimento desse fenômeno obsessivo (*subjugação*) desde o início. Tudo começou em *O Livro dos Espíritos*, na pergunta 473: "Pode um Espírito tomar temporariamente o invólucro corporal de uma pessoa viva, isto é, introduzir-se num corpo animado e obrar em lugar do outro que se acha encarnado nesse corpo? E a resposta foi a seguinte: "O Espírito não entra em um corpo como entras numa casa. Identifica-se com um Espírito encarnado, cujos defeitos e qualidades sejam os mesmos que os seus, a fim de obrar conjuntamente com ele. Mas, o encarnado é sempre quem atua, conforme quer, sobre a matéria de que se acha revestido. Um Espírito não pode substituir-se ao que está encarnado, por isso que este terá que permanecer ligado ao seu corpo até ao termo fixado para sua existência material."

Desse modo, observamos que há, na subjugação, uma **identificação profunda** entre o encarnado e o desencarnado, mas não há desligamento (morte física) do obsidiado. Em *O Livro dos Médiuns* um substantivo aparece: *constrangimento*. Vejamos o que está exarado no capítulo XXIII, item 240, da obra supracitada: "A subjugação pode ser moral ou corporal. No primeiro caso, o subjugado é **constrangido** a tomar resoluções muitas vezes absurdas e comprometedoras que, por uma espécie de ilusão, ele julga sensatas: é uma como fascinação. No segundo caso, o Espírito atua sobre os órgãos materiais e provoca movimentos involuntários. (...) Vai, às vezes, mais longe a subjugação corporal; pode levar aos mais ridículos atos."

No item seguinte (241) da mesma obra, toma o termo *possessão* como sinônimo de *subjugação*, embora não goste do primeiro vocábulo, e mantém o substantivo *constrangimento* como sendo a ação que o Espírito exerce sobre o encarnado. Lê-se: "Dava-se outrora o nome de possessão ao império exercido por maus Espíritos, quando a influência deles ia até a aberração das faculdades da vítima. **A possessão seria, para nós, sinônimo da subjugação.** Por dois motivos deixamos de adotar esse termo: primeiro, porque implica a crença de seres criados para o mal e perpetuamente votados ao mal, enquanto não há senão seres mais ou menos imperfeitos, os quais todos podem melhorar-se; segundo, porque implica igualmente a ideia do apoderamento de um corpo por um Espírito estranho, de uma espécie de coabitação, ao passo que o que há é apenas **constrangimento**. A palavra subjugação exprime perfeitamente a ideia. Assim, para nós, não há possessos, no sentido vulgar do termo; há somente obsidiados, subjugados e fascinados."

A quem possa interessar, *O Livro dos Médiuns* foi lançado no dia 15 de janeiro de 1861. Kardec, então, na *Revista Espírita*, em dezembro do ano seguinte (1862), continua defendendo a ideia de *constrangimento*, no intuito de que não pareça o termo vulgar – *possessão* – como se um Espírito pudesse apossar-se, literalmente, de uma pessoa encarnada. Lá está escrito: "É o paradoxismo da subjugação, que se chama vulgarmente possessão. Há a se anotar que, nesse estado, o indivíduo, frequentemente, tem a consciência de que o que faz é ridículo, mas é **constrangido** a fazê-lo, como se um homem, mais vigoroso do que ele, o fizesse mover, contra a sua vontade, seus braços, suas pernas e sua língua. Eis um exemplo curioso."

O curioso é que na *Revista Espírita* de maio de 1863, o Codificador do Espiritismo **separa** o termo *subjugação* de *possessão*, **não mais considerando-os sinônimos**. Por que fizera isso? Ora, queria deixar mais claro ainda que a incorporação de um ente desencarnado sob um encarnado não poderia ser COMPLETA. Por essa razão, permanece com o substantivo *constrangimento*. Sua consideração, no periódico mensal retromencionado, diz: "Está na natureza desses Espíritos serem antipáticos à religião. (...) E exprimem esses sentimentos pela boca de suas vítimas, verdadeiros médiuns inconscientes que estão estritamente na verdade quando dizem não serem senão ecos; o paciente está reduzido a um estado passivo; está na situação de um homem abatido por um inimigo mais forte, que o **constrange** a fazer a sua vontade; o eu do Espírito estranho neutraliza momentaneamente o eu pessoal; **há subjugação obsessional, e não possessão**."

Tudo, porém, muda no final do ano de 1863, pois Kardec, na *Revista Espírita* de dezembro daquele mesmo ano, identifica o fenômeno de *possessão* e *subjugação* não mais apenas como sinônimos, e sim como de mesma NATUREZA. Assim está exarado: "Dissemos que não havia possessos no sentido vulgar da palavra, mas subjugados; retornamos sobre esta afirmação muito absoluta, porque nos está demonstrado agora que pode ali haver possessão verdadeira, quer dizer, **substituição**, parcial no entanto, de um Espírito errante ao Espírito encarnado."

Apreciando melhor o fenômeno, e estudando-o, viu que há, SIM, posse total sobre o corpo de um encarnado. E o melhor de tudo é que ele se reporta, tranquilamente, sobre sua visão distorcida, até então, desse grau e natureza de obsessão. **Quanta humildade! Quanto bom-senso! Que admiração temos por esse inolvidável missionário de primeira grandeza!**

Posto isso, a partir daí ele vai tratar os vocábulos *possessão* e *subjugação* como sendo a MESMA COISA. Na *Revista Espírita* de agosto de 1864, diz o enviado de Jesus: "Em uma palavra, é o que o Espiritismo designa sob o nome de obsessão, levada ao mais alto grau, quer dizer, de subjugação e possessão. As crises são os efeitos consecutivos; a causa é o ser obsessor; é, pois, sobre este ser que é preciso agir, como nas convulsões ocasionadas pelos vermes, age-se sobre os vermes."

No livro *A Gênese*, publicado em 6 de janeiro de 1868, Allan Kardec vai afirmar, no capítulo XIV, item 46, que: "Necessário se torna este socorro quando a obsessão degenera em subjugação e em possessão, porque neste caso o paciente não raro perde a vontade e o livre-arbítrio."

E no próximo item (47), ainda no capítulo XIV do mesmo livro acima citado, lê-se: "Na possessão, em vez de agir exteriormente, o Espírito atuante se **substitui**, por assim dizer, ao Espírito encarnado; toma-lhe o corpo para domicílio, sem que este, no entanto, seja abandonado pelo seu dono, pois que isso só se pode dar pela morte. A possessão, conseguintemente, é sempre temporária e intermitente, porque um Espírito desencarnado não pode tomar definitivamente o lugar de um encarnado, pela razão de que a união molecular do perispírito e do corpo só se pode operar no momento da concepção. De posse momentânea do corpo do encarnado, o Espírito se serve dele como se seu próprio fosse: fala pela sua boca, vê pelos seus olhos, opera com seus braços, conforme o faria se estivesse vivo. Não é como na mediunidade falante, em que o Espírito encarnado fala transmitindo o pensamento de um desencarnado; no caso da possessão, é mesmo o último que fala e obra; quem o haja conhecido em vida, reconhece-lhe a linguagem, a voz, os gestos e até a expressão da fisionomia."

Perceba, caro leitor, que nessa última obra da Codificação (*A Gênese*), o mestre lionês casa suas considerações com as que os Espíritos benfeitores trouxeram na pergunta 473 de *O Livro dos Espíritos*, acrescentando que existe substituição cabal do Espírito desencarnado, assumindo por completo o corpo (Sistema Nervoso Central) do encarnado, servindo-se daquele como que um ousado e destemido inquilino.

Agora, para encerrarmos essa extensa, mas importante digressão, é fantástica a distinção que Allan Kardec faz para definirmos quando a incorporação total de um encarnado é de escopo positivo ou negativo. Encontramo-la escrita em *A Gênese*, no capítulo XIV, item 48: "A obsessão é sempre o ato de um Espírito malfeitor. A **possessão pode tratar-se de um Espírito bom** que queira falar, e, para causar maior impressão nos ouvintes, toma o corpo de um encarnado, que voluntariamente lhe empresta seu corpo, como emprestaria sua roupa. Isso se verifica sem qualquer perturbação ou incômodo, e durante o tempo em que o Espírito se acha em liberdade, como no estado de emancipação, e na maioria das vezes ele se conserva ao lado do seu substituto para ouvi-lo."

Em outras palavras: o fenômeno de possessão pode ser observado por um Espírito ligado ao Bem. Sendo assim, **toda subjugação é uma possessão, mas nem toda possessão trata-se de uma subjugação**. O caso da pitonisa de Filipos tratava-se de uma subjugação, porque o Espírito era inferior.

9. Conferir, também, Atos dos Apóstolos (16:22-40).
10. Na Primeira Epístola aos Tessalonicenses (3:1-2), porém, é narrado que Paulo não fica sozinho em Atenas, mas sim com Timóteo, e, na expectativa de saber notícias dos convertidos da Tessalônica, envia seu "discípulo amado" até lá, no intuito de averiguar.

11. A palavra *Anástasis*, do grego, significa *Ressurreição*. E este era o tema predileto de Saulo de Tarso.
12. O vocábulo *Ares* é o nome grego para o Deus Marte. A palavra *Pagos* significa *colina*. Daí o nome Areópago – Colina de Ares ou Marte.
13. Áquila e Prisca moravam em Roma. Conforme narra o historiador Suetônio (69-141), no ano 49, porém, o Imperador Romano Cláudio (10 a.c.-54) baixou um decreto banindo da Cidade Eterna todos os judeus. Quando o decreto de Cláudio César foi depois revogado, Áquila e Prisca já se haviam retirado da capital do Império Romano, e foram fixar residência em Corinto.
14. O Espírito Amélia Rodrigues, no livro *Florações Evangélicas*, capítulo XLVIII, diz que "o dinheiro, de tão desencontradas conceituações, não é o responsável direto pela miséria social nem o autor das glórias culturais. A moeda que compra consciências é a mesma que adquire leite para a orfandade; o dinheiro que entorpece o caráter é aquele que também salva uma vida, doando sangue a alguém que esteja à beira da desencarnação; o numerário que corrompe moçoilas invigilantes, fascinadas pelo momentâneo ouropel da glória social, faculta igualmente sucesso às grandes conquistas do conhecimento."

Portanto, utilizar o dinheiro na execução dos deveres normais, consolidando a alegria na esfera das obrigações próximas e dilatando-o na prática do bem geral, em forma de agasalho, teto, alimento, remédio e segurança para outros Espíritos colhidos pelas rudes provações, é um bem a ser feito. Se possuímos algum dinheiro ou detemos alguma posse terrestre, não adiemos doações, caso estejamos realmente inclinados a fazê--las. Somos todos, desse modo, convocados não apenas a empregar pecúlio, mas também saúde, condição, profissão, habilidade, entendimento, cultura, relações e possibilidades outras de que sejamos detentores, em favor dos outros, porquanto pelas nossas próprias ações somos valorizados ou depreciados, enriquecidos ou podados em nossos recursos pela Contabilidade da Eterna Justiça.

Contudo, o indivíduo generoso que distribui dinheiro e utilidades com os necessitados do seu caminho, não fixará em si mesmo a luz e a alegria que nascem dessas dádivas, se as não realizou com o sentimento do amor, que, no fundo, é a sua riqueza imperecível e legítima. E foi com amor que Lídia e Jason fizeram suas doações. Tinham ciência e consciência de que na Terra nada é de nossa propriedade senão os dons espirituais (morais e intelectuais). Todo o resto é tão ou mais transitório que o nosso corpo físico. O próprio Paulo escrevera que "nada trouxemos para este mundo, e manifesto é que nada podemos levar dele" (1 Tm 6:7).

Sendo assim, Saulo, em Corinto, não recebeu dinheiro pelos trabalhos espirituais executados. Já havia ganhado moradia e alimentos (pelo seu trabalho de tecelão na barraca de Áquila e Prisca). E nisso não há nada de mal. O prejuízo está em receber pagamento pelas pregações que fizera em várias cidades, e, naquele um ano e meio, continuava fazendo. Caso semelhante acontece atualmente – ou seja, não há erro se um grupo de interessados, ao desejar orientação de qualquer pregador, pague-lhe as passagens e lhe forneça estada gratuita no local para onde se transfere. Errado estaria se, além disso, lhe pagassem o trabalho espiritual. Disse Jesus: "De graça recebestes, de graça dai" (Mt 10:8).

Ora, como poderão considerar-se discípulos de Jesus e sucessores dos Apóstolos os que recebem dinheiro em paga das pregações e preces que fazem? Deus deu a fortuna para que o dinheiro se faça coluna do trabalho e da beneficência, com tal abnegação que a penúria jamais aniquile os nossos companheiros felizes, ainda que pese estarem nas trilhas da provação neste planeta terráqueo – um exílio temporário (cf. *O Livro dos Espíritos*, perg. 872).

Paulo, quando de sua sacrificial missão para divulgação do Evangelho de Jesus, era desinteressado de quaisquer proventos, pois trabalhava (como tecelão) com abnegação e gastava sua existência física no esforço tenaz e corajoso de expor o ideal do Evangelho redentor de Jesus. Não obstante, as pregações de Saulo nasceram de doações e esforços particulares, marcados pelo desinteresse, fortalecidos pelo espírito heroico e pelo desejo puro de se disseminar a Boa Nova libertadora do Crucificado.

Mas o ex-discípulo de Rabban Gamaliel I não foi nem é o único, em sua perfeita simplicidade, fé ilimitada, caridade e benevolência, a ser atraído em favor de sua causa por muitos Espíritos (desencarnados) de natureza afim à sua, induzindo outras pessoas a lhe enviarem dinheiro, alimentos, roupas, etc. Tais doações, descrevendo o súbito impulso que os doadores sentem de enviar uma quantidade de dinheiro em certo tempo determinado, demonstram de um modo surpreendente a natureza do poder que está em ação.

Não foi Bezerra de Menezes (1831-1900), na grande Metrópole (Rio de Janeiro), em sérias dificuldades financeiras, já que levara do Ceará apenas 18 mil réis (importância essa que não lhe deu o sustento senão por alguns dias), ajudado por Santo Agostinho (seu guia espiritual), através de um moço simpático (Espírito materializado) e de atitudes polidas, que pretendia tratar algumas aulas de Matemática, com a quantia de cinquenta mil réis (antiga moeda brasileira), para pagamento das taxas da Faculdade e para outros gastos indispensáveis em sua habitação, pois o proprietário, sem qualquer contemplação, ameaçava despejá-lo?

Ora, Jesus disse: "Não vos inquieteis por saber onde achareis o que comer para sustento da vossa vida, nem de onde tirareis vestes para cobrir o vosso corpo. Não é a vida mais do que o alimento e o corpo mais do que as vestes? Observai os pássaros do céu: não semeiam, não ceifam, nada guardam em celeiros; mas vosso Pai celestial os alimenta. Não sois muito mais do que eles? E qual, dentre vós, o que pode, com todos os seus esforços, aumentar de um côvado a sua estatura? Por que também vos inquietais pelo vestuário? Observai como crescem os lírios dos campos: não trabalham, nem fiam; entretanto, eu vos declaro que nem Salomão, em toda a sua glória, jamais se vestiu como um deles. Ora, se Deus tem o cuidado de vestir dessa maneira a erva dos campos, que existe hoje e amanhã será lançada na fornalha, quanto maior cuidado não terá em vos vestir, ó homens de pouca fé! Não vos inquieteis, pois, dizendo: Que comeremos? ou:

que beberemos? ou: de que nos vestiremos?, como fazem os pagãos, que andam à procura de todas essas coisas; porque vosso Pai sabe que tendes necessidade delas. Buscai primeiramente o Reino de Deus e a sua justiça, que todas essas coisas vos serão dadas de acréscimo. Assim, pois, não vos ponhais inquietos pelo dia de amanhã, porquanto o amanhã cuidará de si. A cada dia basta o seu mal" (Mt 6:25-34).

O Espírito Emmanuel, na obra *Caminho, Verdade e Vida*, capítulo LVII, diz que o dinheiro não significa um mal. Todavia, o apóstolo dos gentios nos esclarece que o amor do dinheiro é a raiz de toda espécie de males. O homem não pode ser condenado pelas suas expressões financeiras, mas, sim, pelo mau uso de semelhantes recursos materiais, porquanto é pela obsessão da posse que o orgulho e a ociosidade, dois fantasmas do infortúnio humano, se instalam nas almas, compelindo-as a desvios da luz eterna." Quanta verdade!

Caro leitor. A questão, a partir dessa concepção, não está em ser possuidor ou não possuidor, mas sim de ser possuído ou não possuído de bens terrenos. Não há mal em possuir; todo mal está em ser possuído. Ser livre é ser feliz. Ser escravo é ser infeliz. Pode o possuidor ser livre daquilo que possui, e pode o não possuidor ser escravo daquilo que não possui.

Conta-se que o sábio rei mandou erigir, em terras de árvores frondosas e águas claras, suntuoso palácio para oferecer ao homem que se considerasse feliz. Depois de examinar por dias a fio milhares de candidatos, defrontou-se com um jovem sonhador que se apresentava cioso de prêmio. A morte nunca lhe visitara a casa; a saúde era como o ar que jamais lhe faltara; tinha uma esposa fiel e filhos robustos; guardava grandes somas e era por todos estimado qual príncipe ansiosamente esperado.

– Tens todos os requisitos do homem feliz. – asseverou o bondoso monarca. – No entanto, não és realmente feliz. Não te poderei doar o palácio. – falou tranquilamente.

– Como? – inquiriu o moço.

– O homem feliz não guarda ambição – redarguiu o rei, sereno. – Se a tua felicidade te bastasse, meu prêmio não te fascinaria. A felicidade, meu jovem, não depende do que nos falta, mas do bom uso que fazemos do que temos.

Pois é, amigo leitor. É de senso comum que o homem mais rico não é aquele que possui mais dinheiro, mas o que menos precisa dele.

Assim diz Carlos Torres Pastorino, em *Sabedoria do Evangelho II*: "Acredite ou não na reencarnação, a massa humana se encontra nesse estágio, e busca ansiosamente essas mesmas coisas, por todos os meios, materiais e espirituais. Nada interessa ao rebanho [à maioria das pessoas] senão, em primeiro lugar, a saúde, depois o dinheiro para viver, a seguir a tranquilidade emocional (amores), e, enfim, a "boa cotação" na opinião pública. Esses são os pedidos mais frequentes e angustiosos, feitos nas preces dos crentes de todas as religiões." Que triste nova!

15. As folhas de papiro eram escritas com tinta feita de fuligem, uma pena de ganso ou uma cana de junco devidamente aparada, um pedaço de pedra-pomes – rocha vulcânica produzida quando na fase de ejeção os gases contidos na lava formam um coloi-

de com os materiais em fusão. Por arrefecimento, esse coloide, uma verdadeira espuma de rocha em fusão, solidifica sob a forma de uma rocha vítrea esponjosa de muito baixa densidade –, com o fito de alisar o papiro, e, por fim, uma pequena esponja destinada a apagar as letras ou palavras a corrigir. Além disso, um pouco de goma para colar as folhas, lacrando-as para sigilar a epístola.

À época de nossa narrativa, também se usava pergaminhos, feito de peles de animal. Mas esse material era empregado, de preferência, para correspondência importante. Temos o exemplo do próprio Paulo, que, mais tarde, quando preso em Roma, pede a Timóteo que lhe traga de Trôade, juntamente com a capa que lá deixara, os seus pergaminhos (cf. 2 Tm 4:13).

16. As duas Epístolas aos Tessalonicenses não revelam caráter polêmico, como as grandes "Cartas" da terceira viagem apostólica que Paulo fizera. Elas tratam do estado psicológico que a pregação sobre as verdades escatológicas tinha despertado no íntimo dos incipientes de Tessalônica – isto é, o fim do mundo, o advento de Jesus – assunto, este, é tratado no livro *O Crucificado*, Parte V (Editora AGE, 2021), de nossa autoria –, e o juízo final. Em verdade, todas as Epístolas Paulinas, conquanto não silenciem o desfecho final que aguarda o gênero humano, giram em torno das questões espirituais da vida presente, que, solucionadas, podem esperar um bom futuro.

A quem possa interessar, viviam alguns neófitos de Tessalônica preocupados com a sorte dos seus parentes e amigos que já os tinham antecedido para o além-túmulo, como se esses fossem menos felizes do que aqueles que ainda estavam vivos na gloriosa parusia do Cristo. O termo técnico *parusia* era utilizado pelos cristãos desse tempo, designando o readvento de Jesus no fim do mundo. A origem desse vocábulo vem da vida civil da época, significando a visita do César a uma província ou cidade do império. E nessas ocasiões havia sons de trombetas, jogos públicos, sacrifícios e holocaustos implorando os favores da divindade. Mais ou menos assim representavam os cristãos desse tempo o reaparecimento do Filho do Homem, e lamentavam o azar dos que haviam morrido antes desse dia bem-aventurado. Cabe salientar que os tessalonicenses imbuídos de certas ideologias judeu-pagãs não criam no dogma da reencarnação, pois o estado da alma, depois da morte física, perdia a consciência e ficavam em perpétuo sonambulismo nos umbrais do *hades*.

Saulo, sem deixar de ser um asiático de coração e de sentimento, soube ser um europeu de inteligência e vontade. Desse modo, envia aos seus diletos tessalonicenses uma série de instruções e diretivas para a vida cristã do presente, como preparação para a vida feliz do futuro. Castidade nas relações da vida sexual, sinceridade nas transações comerciais, caridade para com TODOS são pontos capitais que o Apóstolo da Gentilidade recomenda com grande insistência.

Não olvidamos que na Segunda Epístola aos Tessalonicenses vem uma página um tanto obscura, à semelhança do Apocalipse de João. Afirma Paulo que antes da parusia de Jesus "ninguém de maneira alguma vos engane; porque não será assim sem que antes venha a apostasia, e se manifeste o homem do pecado, o filho da perdição, o qual se opõe, e se levanta contra tudo o que se chama Deus, ou se adora; de sorte que se assentará, como Deus, no templo de Deus, querendo parecer Deus. Não vos lembrais de que essas coisas vos diziam quando ainda estava convosco? E agora vós sabeis o que o detém, para que a seu próprio tempo seja manifestado. Porque já o mistério da injustiça opera; somente há um que agora o retém até que do meio seja tirado; e então será revelado o iníquo, a quem o Senhor desfará pelo assopro da sua boca, e aniquilará pelo esplendor da sua vinda; a esse cuja vinda é segundo a eficácia de Satanás, com todo o poder, e sinais e prodígios de mentira, e com todo o engano da injustiça para os que perecem, porque não receberam o amor da verdade para se salvarem. E por isso Deus lhes enviará a operação do erro, para que creiam a mentira; Para que sejam julgados todos os que não creram a verdade, antes tiveram prazer na iniquidade" (2 Te 2:3-12).

Que misteriosa alusão é essa, que embarga o aparecimento do anticristo? E o mistério da iniquidade? Ah! Saulo e sua visão profética ultrapassavam, sem dúvida, os horizontes dos acontecimentos político-sociais do seu tempo e descortinavam, para além desses eventos preliminares e sintomáticos, o "mistério da iniquidade" de todos os séculos e milênios da história – ou seja, a sempre renovada tentativa do poder temporal em açambarcar o poder espiritual. Ora, o espírito do Cristianismo primitivo é sadio e bastante poderoso para espiritualizar a vida humana, e, sem a desvirtuar, sublimá-la de tal modo que o indivíduo se torne um perfeito (autêntico) cristão e um cidadão prestativo. Faz com que o ser viva NO mundo e não PARA o mundo.

Por isso, na ideia escatológica da Segunda Carta aos Tessalonicenses encontra-se, em seu verdadeiro significado, a luta do bem e do mal (ignorância das leis divinas), do Cristo e do anticristo concretizados no Eu e no Ego da criatura humana – isto é, a "pseudoluta" entre a individualidade e a personalidade.

17. Constantino Magno (272- 337) governou entre os anos 306 e 337. Ele tirou a religião das catacumbas, das criptas e dos túmulos, nascida na perseguição e na dor, e fê-la a maior potência político-financeira dos séculos – a Igreja. Colocou os seus chefes nos mais altos pináculos da administração pública, dando-lhes prestígio social e político, poder financeiro e militar. A Igreja Católica começou o triunfo do Reino de Deus sobre a face da Terra, pois melhor perseguir seus inimigos, com armas na mão, do que ser por eles perseguida e trucidada. Quanta tolice! O verdadeiro Cristianismo era uma lei de amor e liberdade; as igrejas, com o passar do tempo, fizeram dele uma lei de temor e escravidão.

Durante seu reinado, Constantino, o Grande, velou pela unidade religiosa do Império Romano, e acabou influenciando, em grande parte, na inclusão de dogmas. Um exemplo está na promulgação do **Edito de Constantino, em 321, que determinava oficialmente o domingo como dia de repouso**.

Depois de sua morte, o Império Romano foi dividido entre seus três filhos – Constantino II (316-340), Constâncio II (317-361) e Constante I (320-350). Depois de novas disputas pelo poder imperial, Juliano, o Apóstata (331-363), sobrinho de Constantino I, herdou o reinado e ficou historicamente conhecido como o último

Imperador Romano pagão. Por qual motivo? Ora, Juliano era de uma inteligência extrema, profundo conhecedor da Astrologia e um grande estudioso da filosofia neoplatônica e de Pitágoras. Teve como conselheiro e preceptor Máximo de Éfeso (310-372). Juliano, segundo informação de seu mestre, acreditava-se ser a encarnação de Alexandre, o Grande.

Como não era um grande admirador do Cristianismo, Juliano tentou restituir o paganismo, revivendo o culto dos antigos deuses sob a forma de divindades filosóficas, e, com efeito, restaurou vários templos pagãos. A despeito disso, foi tolerante com qualquer tipo de crença – posição, essa, confirmada no Edito de 362, que, a seu turno, garantia a liberdade religiosa.

18. A etimologia da palavra grega *Christós* – tão conhecida pelos gnósticos antigos, equivale ao termo *Adi-Buda* (dos ocultistas do Budismo), e ao termo *Atman* (dos Brâmanes). Paulo de Tarso seguiu a tradição esotérica dos escribas. Conhecia a cabala judaica – ciência dos rabinos baseada na filosofia de Platão e na mística dos orientais. O vocábulo *Cristo* (em português) é *Christós, Logos, Ungido* (em grego), *Verbo* (em latim), *Brahma* (em sânscrito), *Elohim* (em hebraico).

Por espaço de diversos anos o filósofo, cientista e teólogo Huberto Rohden (1893-1981) foi discípulo de um grande mestre espiritual oriental, e nunca ouviu de lábios cristãos maiores apoteoses ao Cristo do que da parte desse gentio. Nas aulas de filosofia e nas funções litúrgicas (cultos), esse hindu só falava no Cristo, e o volume de 101 orações por ele compostas só falam do Cristo como único caminho à comunhão com Deus. E não pode haver estranheza nos discípulos do brâmane hindu essa atitude essencialmente cristã, haja vista a palavra *Cristo* não significar indivíduo humano, fundador de uma determinada religião ou igreja; em verdade, Jesus de Nazaré, filho de Maria, é o eterno *Logos*, o espírito de Deus, o espírito eterno, absoluto, infinito, que se fez carne e habitou (e continua a habitar) em nós. Nesse sentido, o Cristo é Deus, mas não é a Divindade que Jesus designa com o nome de Pai. A palavra *Deus*, na linguagem do Crucificado, **significa uma manifestação individual da Divindade (Essência) universal.** Disse Ele: "Vós sois deuses" (Jo 10:34), relembrando o que já havia sido escrito no Velho Testamento (Sl 82:6), e não: "Vós sois a Divindade".

O Cristo, portanto, não é o ser humano, mas a mais antiga individualidade cósmica, que, antes do princípio do mundo, emanou da Divindade universal. O Divino *Logos* encarnou-se em Moisés, em Isaías, em Jó, em Krishna, em Buda, em Zaratustra, em Maomé, em Gandhi, e muitos outros veículos humanos. Em Jesus de Nazaré, encontrou o Divino *Logos* a mais perfeita expressão até hoje conhecida no orbe terráqueo, e por isso nós cultuamos o Cristo em Jesus como o apogeu das revelações da Divindade.

Paulo tinha conhecimento do Cristo, que existia muito antes da sua encarnação em Jesus de Nazaré, pois disse que esse Cristo "é imagem do Deus invisível, o primogênito de toda a criação; porque nele foram criadas todas as coisas que há nos céus e na terra, visíveis e invisíveis, sejam tronos, sejam dominações, sejam principados, sejam potestades. Tudo foi criado por ele e para ele. E ele é antes de todas as coisas [dos Universos], e todas as coisas [dos Universos] subsistem por ele" (Cl 1:15-17).

O Cristo "sendo em forma de Deus, não teve por usurpação ser igual a Deus, mas esvaziou-se a si mesmo, tomando a forma de servo, fazendo-se semelhante aos homens; e, achado na forma de homem, humilhou-se a si mesmo, sendo obediente até à morte, e morte de cruz. Por isso, também Deus o exaltou soberanamente, e lhe deu um nome que é sobre todo o nome" (Fp 2:6-8).

O ex-rabino tarsense ensinou (pregou) o Cristo Jesus, não segundo a carne, mas segundo o espírito. O Cristo de Paulo não era o Jesus humano. Ele mesmo escreveu: "Mas faço-vos saber, irmãos, que o evangelho que por mim foi anunciado não é segundo os homens. Porque não o recebi, nem aprendi de homem algum, mas pela revelação de Jesus Cristo" (Gl 1:11-12).

Em suma: a Boa Nova que Paulo leciona não tem origem humana, pois não lhe foi ensinado por nenhum ser humano, mas que lhe fora revelado pelo Cristo DENTRO DELE – o Cristo interior, o Deus interno, que é imanente em todos os indivíduos.

Surge um questionamento: há, em algum momento, nas Cartas Paulinas, história das curas de Jesus, de suas parábolas, de seu nascimento ou de seu túmulo ter sido encontrado vazio, e outros pormenores de sua vida? A resposta é simples: NÃO. No máximo, uma referência à crucificação que Jesus sofrera, conforme está escrito em sua Carta aos Hebreus: "Olhando para Jesus, autor e consumador da fé, o qual, pelo gozo que lhe estava proposto, suportou a cruz, desprezando a afronta, e assentou-se à destra do trono de Deus" (Hb 12:2). Mas, neste caso, a Carta aos Hebreus não foi levada adiante com a escrita original de Paulo. Abordaremos este assunto em outro texto, mais a frente.

19. Marcus Annaeus Novatus era o irmão mais velho do filósofo Sêneca (4 a.C.-65). A quem possa interessar, o filósofo, nascido na Espanha, em Córdoba, escreveu um livro chamado *Como Manter a Calma*, endereçando-o a Novatus. Mas, na verdade, direcionou-o a todos os seus leitores romanos, e ela continua sendo uma poderosa mensagem nos dias de hoje, em uma era que continua lutando, mais do que algumas anteriores, contra as insanidades provocadas pela ira.

Aproveitando o ensejo, faremos uma digressão rápida sobre Sêneca. Pois bem: em 41, o filósofo espanhol foi acusado por Valéria Messalina (17-48), terceira esposa do imperador Cláudio (15 anos de idade ela tinha quando se casou), de ter cometido adultério com Júlia Lívila (18-42) – irmã mais nova de Caio Calígula (12-41) e sobrinha, portanto, do Imperador Romano Cláudio. Como pode isso? Logo ela que era uma ninfomaníaca e cometeu inúmeros adultérios enquanto esteve casada com Cláudio? Sim; mas assim é a alma humana, não é verdade? Querem saber qual foi o resultado da denúncia? Sêneca foi exilado na Ilha de Córsega. E foi lá nesse isolamento, em meio a grandes privações materiais, que ele se dedicou aos estudos e redigiu vários de seus principais tratados filosóficos. Entre eles, os três intitulados *Consolos,* em que expõe os ideais de duas escolas famosas da Grécia – o estoicismo e o cinismo.

Por influência da mãe de Nero (37-68) – Agripina, a Jovem –, Sêneca retornou a Roma, em 49, e ela o tornou preceptor de seu filho (à época, com 11 anos de idade), levando-o a pretor em 50. Sêneca contraiu matrimônio com Pompeia Paulina (?-†) e organizou um poderoso grupo de amigos. Depois do retorno de seu exílio, Sêneca escreveu suas *20 Seções Sobre a Brevidade da Vida*, como um ensaio moral dirigido a seu amigo Paulino.

O interessante é que Sêneca havia sonhado, na noite anterior, que era o preceptor de Caio César Calígula. Mas este já havia desencarnado. Nero veio justificar plenamente, e sem demora, tal sonho, fornecendo o mais cedo possível os traços de sua natureza petulante, covarde, vil, cruel, libertina e feroz.

Agripina, porém, desviou Nero da filosofia, convencendo-o de que esta ciência não era própria para um futuro imperador. Sêneca, então, sonegou-lhe o conhecimento dos antigos oradores, a fim de fixar mais demoradamente sobre si mesmo a admiração de seu novo discípulo.

Quanto a Nero, narraremos, no último texto deste livro, de forma resumida, através de uma nota explicativa, sobre a vida desse mentecapto rei romano

O filósofo espanhol foi um grande representante do estoicismo. Adorava o cosmos como algo de divino, governado por uma Providência todo-poderosa que ordena tudo o que acontece visando a um fim superior. A submissão à ordem da natureza equivalia, assim, a se colocar em harmonia com a vontade de Deus e era, com efeito, concebida como um dever de todas as criaturas. Ademais, o ser humano deveria viver nobremente, não se abandonando em uma sensualidade grosseira nem se permitir queixar-se da vida, mas sim extraindo a maior satisfação possível de uma resignação ao sofrimento e da tranquila submissão à morte.

A terceira viagem

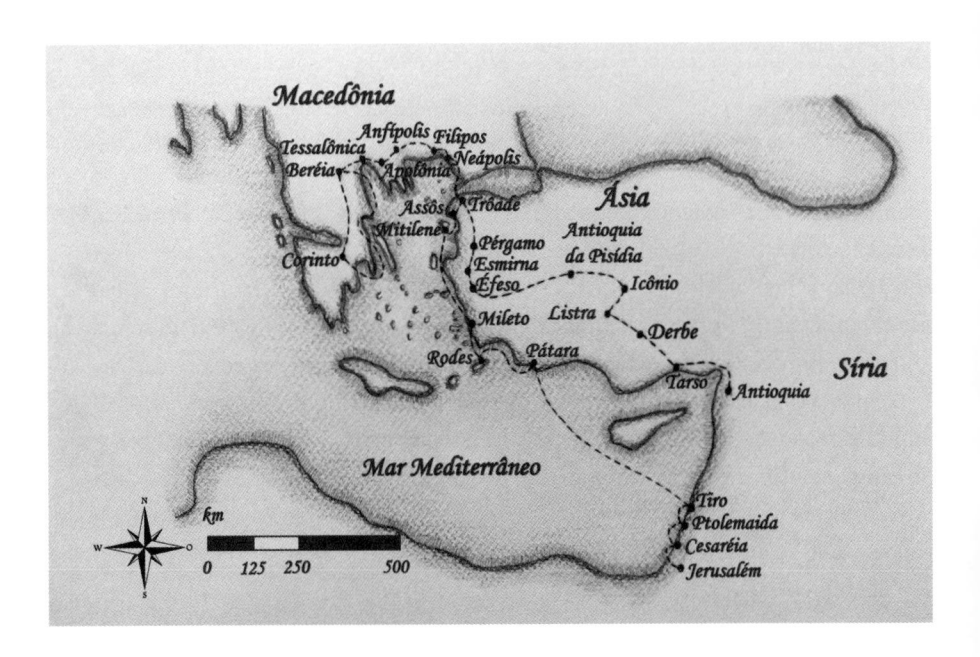

Em sua terceira peregrinação, Paulo sai de Antioquia da Síria, e parte para Tarso, sua cidade natal, conquistando, com sua dialética irresistível, novos discípulos do Cristo.

Ato contínuo, o ex-rabino decidiu regressar para o norte, rumo à Galácia, a fim de visitar sucessivamente as cristandades que fundara: Derbe, Listra, Icônio, Antioquia da Pisídia e suas ramificações.

No outono de 53, "tendo passado por todas as regiões superiores [montanhosas], [Paulo] chegou a Éfeso" (At 19:1), juntamente com Silas, Timóteo e Tito. Para sua surpresa, o Precursor do Messias (João, o Batista) era mais conhecido que o próprio Cristo Jesus. Os "cristãos joaneus" reuniam-se periodicamente, celebravam atos cultuais, jejuavam, oravam e cantavam. Tinham ouvido algo sobre o grande profeta de Nazaré, e veneravam-No como podiam sem terem Dele a ideia nítida e definida.

Paulo ouviu que, na sua ausência, estivera em Éfeso, e partira para Corinto um representante típico dessa ideologia religiosa (cf. At 19:1). Ele viera de Alexandria, conquanto fosse de origem judaica e de cultura grega. Chamava-se Apolo. Em verdade, ele era mais cristão de vontade e de coração do que de experiência. Em outras palavras: Apolo insistia mais na *gnosis* (conhecimento) do que na *pistis* (fé). Malgrado, era um homem bom, uma vez que esse ocultismo religioso, caracterizado por uma viva repugnância a tudo que fosse terreno, material e sensual, e animado de um veemente anseio de autorredenção e espiritualidade, era de molde a empolgar um escol de criaturas retas e desejosas de aperfeiçoamento moral.

Mais de dois anos passou Paulo em Éfeso, nos exaustivos labores de operário e de apóstolo do Cristo. Depois de pregar durante três meses na sinagoga da cidade, fora proibido de lá adentrar. Começou, então, a levar os ensinamentos de Jesus em um *auditorium* da cidade.[1]

Éfeso, porém:

> [...] Voltava um culto especial à deusa Diana. Pequeninas estátuas, imagens fragmentárias da divindade mitológica surgiam em todos os cantos, bem como nos adornos da população. A pregação de Paulo, entretanto, modificara as preferências do povo. Quase ninguém se interessava mais pela aquisição das imagens da deusa. Esse culto, porém, era tão lucrativo, que os ourives da época, chefiados por um artífice de nome Demétrio, iniciaram veemente protesto perante as autoridades competentes. (Emmanuel, *Paulo e Estêvão*, Segunda Parte, cap. VII.)

As grandes solenidades em honra a Artêmis (Diana), que se realizavam no mês de maio, canalizavam multidões para o *auditorium* de Paulo. Seu magnetismo poderoso atraía gente de todos os recantos da Ásia (cf. At 19:26): vinham de Mileto, Esmirna, da lendária Pérgamo, de Trôade e dos arquipélagos do Mar Egeu; estudantes de Éfeso, marinheiros, estivadores, negociantes, funcionários públicos, soldados romanos, filósofos gregos, operários e aristocratas, senhores, escravos e libertos – todos ouvintes daquele rabi de Tarso, ex-discípulo de Rabban Gamaliel I.

Mais tarde, em sua Epístola aos cristãos de Éfeso, Paulo se referiu ao culto supersticioso prestado à deusa Diana e a outros ídolos. Vejamos:

> E digo isto, e testifico no Senhor, para que não andeis mais como andam também os outros gentios, na vaidade da sua mente. Entenebrecidos no entendimento, separados da vida de Deus pela ignorância que há neles, pela dureza do seu coração; os quais, havendo perdido todo o sentimento, se entregaram à dissolução, para com avidez cometerem toda a impureza. (Ef 4:17-19.)

Em Éfeso, Saulo também realizou várias curas, conforme narra o historiador grego Lucas

> E Deus pelas mãos de Paulo fazia maravilhas extraordinárias. De sorte que até os lenços e aventais se levavam do seu corpo aos enfermos, e as enfermidades fugiam deles, e os espíritos malignos saíam. (At 19:11-12.)

Certo dia, Paulo recebeu a visita de alguns neófitos da Galácia. Contaram-lhe que diversos rabis de Jerusalém acabavam de invadir a recém-fundada cristandade e desenvolviam intensa propaganda contra a pessoa e doutrina do Apóstolo da Gentilidade. O mais interessante é que esses desordeiros eram batizados e vinham da parte de Tiago (Menor) e com cartas de apresentação dos chefes espirituais da antiga Israel. Eram "cristãos mosaicos".

Tais representantes diziam que Saulo não era verdadeiro apóstolo como os outros – isto é, os arquiapóstolos de Jerusalém –, pois Paulo sequer vira o Senhor Jesus, e, segundo eles, nem Dele recebera missão alguma. Os judaizantes falavam que o "Evangelho de Paulo" era truncado, incompleto e falso em muitos pontos, porquanto trazia opiniões pessoais. Tudo isso causou muita tristeza em nosso principal personagem deste livro, levando-o às lágrimas. Seu primeiro pensamento foi partir e acompanhar para a Galácia os bons amigos. Mas como deixar Éfeso, justamente agora? Por que essa campanha? Não tinha, porventura, o Evangelho de Jesus colhido frutos nas almas de milhares de gentios, que, sem nada saberem da lei mosaica, haviam abraçado o Cristianismo e nele viviam felizes? Saulo entrou em oração, pedindo a Deus orientação. Eis que captou uma intuição.

No dia seguinte, Paulo convocou os seus fiéis colaboradores: Timóteo e Tito, da Galácia; Tíquico e Trófino, de Éfeso; Gaio e Aristarco, da Macedônia; Sóstenes e Erasto, de Corinto; Gaio de Derbe; e Epafras, de Colossos. Bem podia Paulo agir por si só, mas é característica dos grandes líderes de homens, por serem desinteressados de quaisquer reconhecimentos que agucem o ego, fazerem participar os seus amigos das nobres decisões de sua vida.[2]

Acabada a reunião, o apóstolo de Tarso retirou-se e, chamando seu secretário (não se sabe quem), começou a ditar, de forma vibrante, a mais TERNA de todas as suas "Cartas" apostólicas – **a Epístola aos Gálatas**.[3]

Aqui cabe um outro fato a ser narrado. Ainda em Éfeso, soube que em Corinto digladiavam-se quatro partidos, cada qual sob a invocação do nome de um pretenso chefe: Apolo, Paulo, Pedro e Jesus. Essas dissensões se deram porque nasciam do culto exagerado da personalidade, tão característico do espírito helênico – ou seja, a pessoa batizada entrava numa relação de afinidade ou dependência espiritual com o batizante.[4]

Resultado: Paulo escreve, de Éfeso, um dos mais belos documentos apostólicos que a cristandade possui – a **Primeira Epístola aos Coríntios**.[5]

De Éfeso, Saulo, acompanhado de alguns amigos, dirigiu-se a Trôade, ficando por lá alguns dias, e depois partiu para Macedônia, no intuito de encontrar Tito (cf. 2 Co 2:13). Pois bem; chegando em Filipos, com imensa surpresa e consolação, também encontrou Lucas. O futuro evangelista iria acompanhá-lo em sua empreitada a Corinto, cujos batedores – Timóteo e Erasto (ex-tesoureiro da Prefeitura da cidade) – já lá se encontravam a pedido do próprio Paulo.

Ressaltamos que de Filipos, depois de se reencontrar com Tito, Paulo escreveu com ele a **Segunda Epístola aos Coríntios**.[6]

Estamos em princípios do inverno (novembro ou dezembro) do ano 57. Paulo chega em Corinto, ficando por lá **durante três meses** (cf. At 20:2-3). Dali, tinha o plano de pregar o Evangelho de Jesus em Roma, já que sua tarefa no Oriente estava finda. Iria com Silas e Lucas. Entretanto, o plano teria que ser mudado. A informação abaixo é privativa do Espírito Emmanuel, no livro *Paulo e Estêvão*, Segunda Parte, capítulo VII:

> [...] Tudo corria às maravilhas, o plano combinado auspiciava grandes esperanças, quando, no dia imediato, um peregrino, pobre e triste, surgia em Corinto, desembarcado de uma das últimas embarcações chegadas ao Peloponeso para a ancoragem longa do inverno. Vinha de Jerusalém, bateu às portas da Igreja e procurou insistentemente por Paulo, a fim de entregar-lhe uma carta confidencial. Defrontando o singular mensageiro, o Apóstolo surpreendeu-se. Tratava-se

do irmão Abdias, a quem Tiago incumbira de entregar a carta ao ex-rabino. Este tomou-a e desdobrou-a um tanto nervoso.

À medida que ia lendo, mais pálido se fazia.

Tratava-se de um documento particular da mais alta importância. O filho de Alfeu comunicava ao ex-doutor da Lei os dolorosos acontecimentos que se desenrolavam em Jerusalém. Tiago avisava que a Igreja sofria nova e violentíssima perseguição do Sinédrio. Os rabinos haviam decidido reatar o fio das torturas infligidas aos cristãos. Simão Pedro fora banido da cidade. Grande número de confrades era alvo de novas perseguições e martírios. A Igreja fora assaltada por fariseus sem consciência e só não sofrera depredações de maior vulto em virtude do respeito que o povo lhe consagrava. Dentro de suas atitudes conciliatórias, conseguira aplacar os ânimos mais exaltados, mas o Sinédrio alegava a necessidade de um entendimento com Paulo, a fim de conceder tréguas.

A mensagem estava crivada de exclamações amargas e de apelos veementes.

Paulo de Tarso terminou a leitura e lembrou o passado. Com que direito lhe fazia o Apóstolo galileu semelhante pedido? Tiago sempre se colocara em posição antagônica. Em que pesasse sua índole impetuosa, franca, inquebrantável, não podia odiá-lo; entretanto, não se sentia perfeitamente afim com o filho de Alfeu, a ponto de se tornar seu companheiro adequado em lance tão difícil. Procurou um recanto solitário da Igreja, sentou-se e meditou. Experimentando certas relutâncias íntimas em renunciar à partida para Roma, não obstante o projeto formulado em Éfeso nas vésperas da revolução dos ourives, de só visitar a capital do Império depois de nova excursão a Jerusalém, procurou consultar o Evangelho, por desfazer tão grande perplexidade. Desenrolou os pergaminhos e, abrindo-os ao acaso, leu a advertência das anotações de Levi: "Concilia-te depressa com o teu adversário" [Mt 5:25].

Diante dessas palavras judiciosas, não dissimulou o assombro, recebendo-as como um alvitre divino para que não desprezasse a oportunidade de estabelecer com o Apóstolo galileu [Tiago Menor] os laços sacrossantos da mais pura fraternidade.

Não era justo alimentar caprichos pessoais na obra do Cristo. No feito em perspectiva, não era Tiago o interessado na sua presença em Jerusalém: era a Igreja, era a sagrada instituição que se tornara tutora dos pobres e dos infelizes.

No dia 5 de março de 58, expirado o inverno, levando Lucas e Silas, Paulo deixou Corinto, a pé, no intuito de ir para Jerusalém, voltando pela Macedônia (cf. At 20:3; Rm 15:25). O nosso protagonista NÃO PARTIU DE BARCO, pelo Porto de Cencreia, porque soube, por meio de amigos, que um bando de homens perversos conspirava contra sua vida e só aguardava oportunidade para matá-lo.

Ademais, já sabia, consciente ou inconscientemente, que não mais iria ver os amigos nesta reencarnação. Salientamos que foi em Corinto que Paulo escreveu sua **Epístola aos Romanos**.[7]

Em Filipos, **Paulo passa a Páscoa (abril do ano 58)**, na intimidade dos amigos. Daqui por diante, reaparece Lucas ao lado de seu mestre. A narração retorna à primeira pessoa do plural: "nós". O futuro evangelista de Antioquia é um observador arguto e narrador primoroso, que sabe dar colorido e personalidade aos menores incidentes.

Saulo despediu-se de Filipos. No Porto de Neápolis encontrou um pequeno navio de carga com destino a Trôade, e lá chegou, **depois de cinco dias de navegação** (cf. At 20:6), devido aos ventos adversos, **somente no domingo seguinte (dia 17 de abril de 58)**, o primeiro dia da semana ("Dia do Senhor"). Esse incidente dramático e quase trágico, Lucas narra com detalhes (cf. At 20:7-12).

Seguiram viagem, na manhã seguinte, para a cidade de Assos (cf. At 20:13). O navio que levaria os amigos de Paulo à cidade supracitada levantava ferro de manhã. Embarcaram os companheiros. Paulo, porém, seguiu por terra, 25 km de jornada.

Chegaram a Mitilene (cf. At 20:14). No dia seguinte, lançaram ferro em um verdadeiro paraíso de flores e perfumes – a ilha de Quios (cf. At 20:15).

Com mais dois dias de voga, avistaram os pináculos do templo de Diana, em Éfeso, que do navio conseguiam enxergar. Aqui faremos uma observação: segundo a obra *Paulo e Estêvão*, Segunda Parte, capítulo VII, **a embarcação atraca em Éfeso**. As cenas foram comoventes; mas delas nada falam os Atos dos Apóstolos, porque Paulo assim pediu a Lucas – seu futuro historiador. Saulo ficou no barco, para que não provocasse mais confusão na cidade. O mais impressionante é que até Maria – esclarece o Espírito Emmanuel, na obra supracitada – "já avançada em anos", viera despedir-se do fiel escudeiro das alvíssaras de seu Filho. Estavam nessa receptividade também João Boanerges, o Filho do Trovão, e as crianças.

No dia 27 de abril de 58, quarta-feira, depois de uma rápida visita à Ilha de Samos, atracaram em Mileto. A despedida do Apóstolo dos Gentios nessa cidade faz parte das cenas mais emocionantes nos diários de Lucas (cf. At 20:18-25).[8]

Eram princípios de maio do ano 58, quando ventos propícios levavam a pequena caravana cristã para Rodes (ilha das rosas), onde, diziam os antigos, nunca se vira dia sem sol (cf. At 21:1).

Em Pátara tiveram a sorte de encontrar um navio com destino à Fenícia. Avistaram a costa ocidental da Ilha de Chipre. Ao chegarem a Tiro, **lá ficaram durante sete dias** (cf. At 21:2-4).

De Ptolemaida, prosseguiu a caravana a pé, rumo sul, ao longo do Mediterrâneo. Quinze dias antes de Pentecostes, chegaram a Cesareia (marítima), cidade residencial do governador romano, e onde residia, com sua família, o discípulo de Jesus – Filipe. E foi nesse lar que Paulo se hospedou (cf. At 21:8).[9]

Um fato curioso acontece depois de **uma semana de permanência em Cesareia**:

> [...] Chegou da Judeia um profeta, por nome Ágabo; e, vindo ter conosco, tomou a cinta de Paulo, e ligando-se os seus próprios pés e mãos, disse: Isto diz o Espírito Santo: Assim ligarão os judeus em Jerusalém o homem de quem é esta cinta, e o entregarão nas mãos dos gentios. E, ouvindo nós isto, rogamos-lhe, tanto nós como os que eram daquele lugar, que não subisse a Jerusalém. Mas Paulo respondeu: Que fazeis vós, chorando e magoando-me o coração? Porque eu estou pronto não só a ser ligado, mas ainda a morrer em Jerusalém pelo nome do Senhor Jesus. E, como não podíamos convencê-lo, nos aquietamos, dizendo: Faça-se a vontade do Senhor. E depois daqueles dias, havendo feito os nossos preparativos, subimos a Jerusalém. (At 21:10-15.)[10]

Consternados, suplicaram os amigos que não fosse a Jerusalém. Paulo, porém, estava irredutível. Obedecia a um impulso superior. Estava pronto não somente a se deixar atar em Jerusalém, em nome do Cristo Jesus, como a morrer por Ele.

De Cesareia (marítima) a Jerusalém, mediavam apenas três dias de viagem (102 km). Na quarta-feira, antes de Pentecostes, Paulo e alguns amigos de Cesareia empreenderam a última etapa. Na véspera do "grande sábado" de Pentecostes, Saulo e os companheiros avistaram a capital judaica. "E, logo que chegamos a Jerusalém – diz Lucas –, os irmãos nos receberam de muito boa vontade" (At 21:26).

A capital da Judeia estava cheia de judeus-cristãos. No dia imediato, Paulo, Lucas e alguns neófitos recém-convertidos do paganismo compareceram diante do "conselho dos presbíteros" (cf. At 21:18), presidido por Tiago (Menor). Um dia antes, porém, diz o Espírito Emmanuel, de forma inusitada, na obra *Paulo e Estêvão*, Segunda Parte, capítulo VIII, que:

> [...] à noite, quando espesso manto de sombras envolvia a cidade, Tiago apareceu, cumprimentando o companheiro em atitude muito humilde.
> [...] Trocadas as primeiras impressões relativamente às viagens e feitos evangélicos, o companheiro de Simão Pedro pediu ao ex-rabino lhe marcasse lugar e hora em que pudessem falar mais intimamente.
> Paulo atendeu de pronto, seguindo ambos para um aposento particular.
> O filho de Alfeu começou explicando o motivo de suas graves apreensões. Havia mais de um ano que os rabinos Eliaquim e Enoque deliberaram reviver os processos de perseguições iniciados por ele, Paulo, quando da sua movimentada gestão no Sinédrio. Alegaram que o antigo doutor incidira nos sortilégios e feitiçarias da espúria grei, comprometendo a causa do Judaísmo, e não era justo continuar tolerando a situação, tão somente porque o doutor tarsense perdera a razão no caminho de Damasco. A iniciativa ganhara enorme popularidade nos círculos religiosos de Jerusalém e o maior instituto legislativo da raça – o Sinédrio – aprovou as medidas propostas. Reconhecendo que a obra evangelizadora de Paulo produzia maravilhosos frutos de esperança em toda parte, conforme as notícias incessantes de todas as sinagogas das regiões por ele percorridas, o grande Tribunal começou por decretar a prisão do Apóstolo dos Gentios. Numerosos processos de perseguição individual, deixados a meio por Paulo de Tarso, quando de sua inesperada conversão, foram restaurados e, o que era mais grave, quando falecidos os réus, era a pena aplicada aos descendentes, que, assim, eram torturados, humilhados, desonrados.
> O ex-rabino tudo ouvia calado, estupefato.
> Tiago [Menor] prosseguia, esclarecendo que tudo fizera por atenuar os rigores da situação. Mobilizara influências políticas ao seu alcance, conseguindo atenuar umas tantas sentenças mais iníquas. Não obstante o banimento de Pedro, procurou manter os serviços de assistência aos desvalidos, bem como a colônia de serviço, fundada por inspiração do convertido de Damasco e na qual os convalescentes e desamparados encontravam precioso ambiente de atividade remunerada

e pacífica. Depois de vários entendimentos com o Sinédrio, por intermédio de amigos influentes no Judaísmo, teve a satisfação de abrandar o rigor das exigências a serem aplicadas no caso dele, Paulo. O ex-doutor de Tarso ficaria com liberdade de agir, poderia continuar propugnando suas convicções íntimas; daria, porém, uma satisfação pública aos preconceitos de raça, atendendo aos quesitos que o Sinédrio lhe apresentaria por intermédio de Tiago, que se mostrava seu amigo. O companheiro de Simão Pedro explicava que as exigências eram muito rigorosas a princípio, mas agora, mercê de enormes esforços, cingiam-se a uma obrigação de somenos.

[...] Quando o companheiro de Simão fez uma pausa mais longa, o ex-rabino perguntou muito comovido: – Que pretendem eles de mim?

O filho de Alfeu fixou nele os olhos serenos e explicou:

– Depois de muito relutarem, os israelitas congregados em nossa Igreja vão pedir-te, apenas, que pagues as despesas de quatro homens pobres, que fizeram voto de nazireu, comparecendo com eles no templo, durante sete dias consecutivos, para que todo o povo possa ver que continuas bom judeu e leal filho de Abraão... À primeira vista, a demonstração poderá parecer pueril; entretanto, colima, como vês, satisfazer a vaidade farisaica.[11]

Pagar as despesas de nazireato para quatro pessoas (porque não tinham condições financeiras) equivalia a adquirir quinze ovelhas e boa quantidade dos comestíveis prescritos. Paulo era pobre. Vivia do trabalho das suas mãos. Por ocasião da sua última viagem a Jerusalém, fizera espontaneamente o voto de nazireu ele só; mas desta vez eram mais quatro pessoas, e, além disso, uma imposição arbitrária e em circunstâncias desfavoráveis. Teria que pagar uma espécie de multa. Por quê? Pelo fato de ter proclamado o Cristo Jesus como único salvador da Humanidade, e Moisés como simples pedagogo e servo do Evangelho? Ah! Quanta tolice![12]

Paulo:

Tomando consigo aqueles homens, entrou no dia seguinte no Templo [de Jerusalém], já santificado com eles, anunciando serem já cumpridos os dias da purificação; e ficou ali até se oferecer por cada um deles a oferta. (At 21:26.)

Assim foi o *modus operandi* que o ex-rabino tarsense executou, nesses sete dias: toda manhã e toda tarde, Saulo subia, em companhia de Trófimo, de Éfeso, e os quatro nazireus ao Monte Moriá. Deixava aquele no Átrio dos Gentios (cf. Mapa do Templo de Jerusalém, fig. 1), porque, embora batizado, era considerado *goim* pelos judeus, por não ter sido circuncisado. Os outros iam com o promotor de Tarso para o Átrio dos Sacerdotes (cf. Mapa do Templo de Jerusalém, fig. 4), onde assistiam aos holocaustos e tomavam parte na restante liturgia. No dia de Pentecostes ofereceu aos sacrifícios prescritos, por si e pelos quatro, e cientificou os sacerdotes do termo do seu voto.

Entrementes, havia os judeus de Jerusalém forjado um plano sinistro. Eles sabiam que Trófimo era incircunciso, e, portanto, impuro. Quando Paulo ia descendo os degraus do Pátio dos Sacerdotes, na véspera do último dia da *purificação*, no intuito de se reunir com Trófimo no Pátio dos Gentios, soou, de chofre, uma gritaria imensa. Indescritível o furor que se apossou dos judeus ortodoxos. Não havia para eles crime maior do que um incircunciso pisar o Santuário de Israel (cf. At 21:29). Caro leitor, **o ódio religioso é o maior de todos os ódios, assim como as guerras empreendidas em nome da religião têm sido sempre as mais atrozes de todas as lutas.**[13]

Assim narra Lucas:

> E alvoroçou-se toda a cidade, e houve grande concurso de povo; e, pegando Paulo, o arrastaram para fora do Templo [cf. Mapa do Templo de Jerusalém, fig. 5], e logo as portas se fecharam. (At 21:30.)

Paulo jazia estendido no chão. A multidão fanatizada tripudiava sobre ele. Por esse mesmo lugar fora arrastado, havia 23 anos, o jovem Estêvão, e apedrejado no Pátio dos Homens (cf. Mapa do Templo de Jerusalém, fig. 3), a pouquíssimos metros do Pátio dos Holocaustos (cf. Mapa do Templo de Jerusalém, fig. 6).

O Espírito Emmanuel, de forma notável e *sui generis*, traz detalhes desse ignominioso momento, no livro *Paulo e Estêvão*, Segunda Parte, capítulo VIII. Vejamos:

> O grande pátio estava repleto de israelitas sanhudos. Objurgatórias sarcásticas cortavam os ares. O espetáculo era o mesmo do dia em que Estêvão partira da Terra. Os mesmos impropérios, as fisionomias escarninhas dos verdugos, a mesma frieza implacável dos carrascos do fanatismo. O próprio Paulo não se furtava à admiração ao verificar as coincidências singulares. As primeiras pedras acertaram-no no peito e nos braços, ferindo-o com violência.

– Esta será em nome da sinagoga dos cilícios! – dizia um jovem, em coro de gargalhadas.
A pedra passou sibilando e dilacerou, pela primeira vez, o rosto do Apóstolo. Um filete de sangue começou a ensopar-lhe as vestiduras. Nem um minuto, porém, deixou de encarar os carrascos com a sua desconcertante serenidade. Trófimo e Lucas, entretanto, cientes da gravidade da situação, desde os primeiros instantes, por um amigo que presenciara a cena inicial do suplício, procuraram imediatamente o socorro das autoridades romanas. Receosos de novas complicações, não declinaram as verdadeiras condições do convertido de Damasco. Alegavam, apenas, tratar-se de um homem que não devia padecer nas mãos dos israelitas fanáticos e inconscientes. Um tribuno militar [de nome Cláudio Lísias] organizou incontinenti um troço de soldados. Deixando a fortaleza, penetraram no amplo átrio, com ânimo decidido. A massa delirava num turbilhão de altercações e gritarias ensurdecedoras. Dois centuriões, obedecendo às ordens do comando, avançaram resolutos, desatando o prisioneiro e arrebatando-o à multidão, que o disputava ansiosa.
[...] O peito contuso, ferido no rosto e nos braços, o Apóstolo seguiu para a Torre Antônia, escoltado pelos prepostos de César, enquanto a multidão encaudava o pequeno cortejo, bradando sem cessar: – Morra! Morra!
Ia penetrar o primeiro pátio da grande fortaleza [Antônia] romana quando Paulo, compreendendo, afinal, que não fora a Jerusalém tão só para acompanhar quatro nazireus paupérrimos ao Monte Moriá, e sim para dar um testemunho mais eloquente do Evangelho, interrogou o tribuno com humildade:
– Permitis, porventura, que vos diga alguma coisa?
Percebendo-lhe as maneiras distintas, a nobre inflexão da palavra em puro grego, o chefe da corte replicou muito admirado:
– Não és tu o bandido egípcio que, há algum tempo, organizou a malta de ladrões que devastam estas paragens?
– Não sou ladrão – respondeu Paulo, parecendo uma figura estranha, em vista do sangue que lhe cobria o rosto e a túnica singela –; sou cidadão de Tarso e rogo-vos permissão para falar ao povo.
O militar romano ficou boquiaberto com tamanha distinção de gestos e não teve outro recurso senão ceder, embora hesitante.
Sentindo-se em um dos seus grandes momentos de testemunho, Paulo de Tarso subiu alguns degraus da escadaria enorme e começou a falar em hebraico, im-

pressionando a multidão com a profunda serenidade e elegância do discurso. Começou explicando suas primeiras lutas, seus remorsos por haver perseguido os discípulos do Mestre divino; historiou a viagem a Damasco, a infinita bondade de Jesus, que lhe permitira a visão gloriosa, dirigindo-lhe palavras de advertência e perdão. Rico das reminiscências de Estêvão, falou do erro que havia cometido em consentir na sua morte.

Seria por demais enfadonho dar continuidade às consequências desse deplorável dia. Não obstante, convocamos, a quem interessar, ler a Segunda Parte, capítulo VIII, do magnífico livro *Paulo e Estêvão*, que, como nenhum outro, traz minucias desse infeliz acontecimento, jamais lidas em quaisquer outras literaturas sobre a vida do Apóstolo da Gentilidade.

Paulo fora preso. Mas depois que revelou ser cidadão romano, ficou livre dos açoites que estava sofrendo. Após dias, agora em uma cela, houve uma conspiração contra ele, a fim de matá-lo, mas não logrou êxito. O ex-rabino foi transferido para Cesareia (marítima), depois dessa malograda tentativa, para uma oitiva com o governador da Judeia – Marco Antônio Félix (10-†), que assumiu esse cargo de 52 a 60 (cf. At 23:30-33).

O médico grego Lucas diz que Félix, depois que leu a carta:

> perguntou de que província era; e, sabendo que era da Cilícia, disse: ouvir-te-ei quando também aqui vierem os teus acusadores. E mandou que o guardassem no pretório de Herodes. E, CINCO dias depois, o Sumo-Sacerdote Ananias [filho de Nebebaeus] desceu com os anciãos, e um certo Tértulo, orador, os quais compareceram perante o presidente contra Paulo. (At 23:34-35; 24:1.)

Depois de julgado, ficou preso, durante DOIS ANOS (de 58 a 60), na fortaleza de Cesareia (marítima). **Sobre essa prisão preventiva de Paulo, não há epístola alguma nos Atos dos Apóstolos.** É sabido, porém, que em setembro/outubro do ano 60, o novo governador da Cesareia (marítima) – Porcius Festus (?-62) –, assumindo o cargo de 60 a 62, lá chega, porque viera substituir Félix, o antigo governador.[14]

Depois de três dias de chegada em Cesareia (marítima), Festus foi a Jerusalém (cf. At 25:1), a fim de entrar em contato com as autoridades judaicas e solucionar problemas pendentes. Reuniram-se, ali, os cabeças do Sinédrio, sob a presidência do Sumo-Sacerdote Ismael-ben-Fabi (?-†), instituído por Herodes Agripa II (27-100).

O ódio dos judeus ortodoxos contra Paulo, mesmo nesses dois anos de reclusão em que o bandeirante do Evangelho ficara, continuava. Tanto assim que aproveitaram a visita de Festus e solicitaram ao novo governador lhes mandasse para Jerusalém o dito preso. A verdade é que tinham combinado matar o Apóstolo dos Gentios entre Cesareia (marítima) e Jerusalém (cf. At 25:3).

Festus, porém, já tivera ocasião para examinar as atas do processo de Paulo, em Cesareia (marítima), e ensejo também para verificar a atitude odienta e vil dos "chefes espirituais" de Israel. O governador bem conhecia o direito romano e a justiça humana, INDEFERINDO o pedido do Sinédrio.

E assim narra Lucas:

> Mas ele [Paulo], em sua defesa, disse: Eu não pequei em coisa alguma contra a lei dos judeus, nem contra o templo, nem contra César. Todavia Festo, querendo comprazer aos judeus, respondendo a Paulo, disse: Queres tu subir a Jerusalém, e ser lá perante mim julgado acerca dessas coisas? Mas Paulo disse: Estou perante o tribunal de César, onde convém que seja julgado; não fiz agravo algum aos judeus, como tu muito bem sabes. Se fiz algum agravo, ou cometi alguma coisa digna de morte, não recuso morrer; mas, se nada há das coisas de que estes me acusam, ninguém me pode entregar a eles; apelo para César. Então Festo, tendo falado com o conselho, respondeu: Apelaste para César? para César irás. E, passados alguns dias, o rei Agripa [II] e Berenice [sua irmã] vieram a Cesareia, a saudar Festo. E, como ali ficassem muitos dias, Festo contou ao rei os negócios de Paulo, dizendo: Um certo homem foi deixado por Félix aqui preso, por cujo respeito os principais dos sacerdotes e os anciãos dos judeus, estando eu em Jerusalém, compareceram perante mim, pedindo sentença contra ele. Aos quais respondi não ser costume dos romanos entregar algum homem à morte sem que o acusado tenha presentes os seus acusadores, e possa defender-se da acusação. De sorte que, chegando eles aqui juntos, no dia seguinte, sem fazer dilação alguma, assentado no tribunal, mandei que trouxessem o homem. Acerca do qual, estando presentes os acusadores, nenhuma coisa apontaram daquelas que eu suspeitava. Tinham, porém, contra ele algumas questões acerca da sua superstição, e de um tal Jesus, morto, que Paulo afirmava viver. E, estando eu perplexo acerca da inquirição dessa causa, disse se queria ir a Jerusalém, e lá ser julgado acerca dessas coisas. E, apelando Paulo para que fosse reservado

ao conhecimento de Augusto, mandei que o guardassem até que o envie a César. Então Agripa disse a Festo: Bem quisera eu também ouvir esse homem. E ele disse: Amanhã o ouvirás. E, no dia seguinte, vindo Agripa e Berenice, com muito aparato, entraram no auditório com os tribunos e homens principais da cidade, sendo trazido Paulo por mandado de Festo. (At. 25:8-23.)[15]

Notas

1. Há anos, uma sociedade arqueológica europeia escavou, perto da Biblioteca de Celso, em Éfeso (hoje ainda se consegue ver sua imponência, em meio às ruínas), a planta de um edifício com a inscrição *auditorium*. É possível que seja idêntico ao local onde Paulo lecionava durante o inverno de 53.

2. A pergunta 895, de *O Livro dos Espíritos*, traz um grande ensinamento a todos nós, transeuntes da jornada terrena. Ei-la: "Postos de lado os defeitos e os vícios acerca dos quais ninguém se pode equivocar, qual o sinal mais característico da imperfeição? O interesse pessoal. [...] O verdadeiro desinteresse é coisa ainda tão rara na Terra que, quando se patenteia, todos o admiram como se fosse um fenômeno."

3. É assaz perceptível, na carta dirigida aos Gálatas, uma parte *pessoal* e outra *doutrinária*. Na primeira parte, sem soberba alguma, Paulo sabe-se plenamente equiparado aos doze apóstolos de Jesus, pois narra a história da sua conversão em Damasco, a longa solidão no deserto da Arábia, a visita que fizera a Jerusalém, a atitude em face da circuncisão (no caso de Tito), o conflito que tivera com Simão Pedro, em Antioquia (já narrado, alhures, nesta obra), a aprovação do seu Evangelho pelos apóstolos primitivos, dentre outros fatos. Sua hermenêutica culmina no argumento segundo o qual, se a criatura humana, pela observância de certas praxes religiosas (rituais), pudesse alcançar o ajustamento (a sintonia) com Deus, de nada serviria a morte de Jesus. É desse modo que Saulo adentra na segunda parte da sua carta aos Gálatas – ou seja, o ajustamento pela fé.

   Para tanto, apela para a experiência que os Gálatas tiveram quando foram cristianizados (na primeira viagem apostólica), sem conhecerem a lei mosaica. Ato contínuo, demonstra que Abraão alcançou o reajustamento com Deus, não pelas obras da lei, mas pela fé no Messias vindouro (cf. Gl 3:14,16 ss).

   Em seguida a essa argumentação bíblica, Paulo escreve tocado de um sentimento, por assim dizer, *maternal*, diante de seus acusadores. Vejamos o que ele escreveu: "Irmãos, rogo-vos que sejais como eu, porque também eu sou como vós; nenhum mal me fizestes. E vós sabeis que primeiro vos anunciei o evangelho estando em fraqueza da carne; e não rejeitastes, nem desprezastes isso que era uma tentação na minha carne, antes me recebestes como um anjo de Deus, como Jesus Cristo mesmo. Qual é, logo, a vossa bem-aventurança? Porque vos dou testemunho de que, se possível fosse, arrancaríeis os vossos olhos, e mos daríeis. Fiz-me acaso vosso inimigo dizendo a verdade?

Meus filhinhos, por quem de novo sinto as dores de parto, até que Cristo seja formado em vós; eu bem quisera agora estar presente convosco, e mudar a minha voz; porque estou perplexo a vosso respeito" (Gl 4:12-16; 19-20).

Depois dessa espontânea efusão do sentimento de piedade (filha dileta do amor), o ex-rabino retoma sua atitude firme e viril, entoando o hino de liberdade cristã e cantando a apoteose da cruz redentora. Perguntar-se-ia: mas que liberdade é essa, se somos Espíritos livres? Sim; somos Espíritos *livres*, mas não *libertos* dos formalismos sufocantes e da tirania dos sentidos – "adultério, fornicação, impureza, lascívia, idolatria, feitiçaria, inimizades, porfias, emulações, iras, pelejas, dissensões, heresias, invejas, homicídios, bebedices, glutonarias" (Gl 5:19-21). Para tanto, somente o amor, gozo, paz, longanimidade, benignidade, bondade, fé, mansidão, temperança – frutos do Espírito –, libertar-nos-á (cf. Gl 5:22).

4. O grupo que se recrutava sob a bandeira de Apolo arvorava-se em adversário do convertido de Damasco. Os dois eram amigos, unidos pelos mesmos ideais. Apenas tinham temperamentos diferentes. Se Apolo era de índole mais especulativa e teórica, pelos seus discursos platônicos e de dicção clássica, Paulo se distinguia por um realismo prático, colocando em cada uma das suas palavras todo o peso da sua experiência e seriedade da sua vida cheia de trabalhos e sofrimentos. Dos discursos de Apolo, saíam os ouvintes satisfeitos com o orador, e com a inteligência iluminada pelas belezas do Cristianismo. Se a partir dali iriam mudar suas ações equivocadas, quem sabe? Já os sermões de Saulo, aqueles que os presenciavam, retiravam-se silenciosos, insatisfeitos consigo mesmos e prontos para as sérias resoluções de transformação íntima. Contudo, não podemos afirmar que todos mudavam seus comportamentos transviados perante a Lei Divina.

De mais a mais, para aumentar o caos em Corinto, surgiu uma terceira facção, que se afinava com a bandeira de Cefas (Simão Pedro). Compunha-se de judeus-cristãos vindos de Jerusalém. Alguns deles, inclusive, tinham sido batizados pela mão do discípulo de Jesus, de cuja amizade pessoal se exibiam ostensivamente. Cabe salientar que Simão Pedro de nada disso sabia, e sequer suspeitava, ainda que pese nem sempre ter concordado com todos os pontos de vista de Paulo. Em verdade, Cefas refere-se com respeito e amor aos trabalhos do "nosso amado irmão Paulo vos escreveu, segundo a sabedoria que lhe foi dada" (2 Pe 3:15).

Por fim, apareceu em Corinto um quarto partido. Melhor dizendo: um grupo de "cristãos superiores", que rejeitavam todo e qualquer intermediário humano. Demonstravam que o verdadeiro Cristianismo só conhecia um medianeiro entre Deus e os homens – Jesus. Não admitiam leis nem prescrições humanas em matéria de religião. Cada um devia seguir sua própria inspiração. Jesus segredava à consciência de cada um o que era verdadeiro ou falso. É aí que mora o perigo, pois Espíritos imperfeitos que somos, não conseguimos acessar os refolhos da consciência a toda hora. O "vigiai e orai para que não entreis em tentação" (Mt 26:41) ainda é um exercício que devemos fazer. E mais: há uma relação estreita entre as duas dimensões (física e extrafísica), podendo haver influência espiritual nociva de um desencarnado para com o encarnado, encapada de uma aparente boa nova.

5. A Primeira Carta aos Coríntios é de todas as Epístolas Paulinas a **de mais rico conteúdo, e, com efeito, a que mais chama atenção por ser uma mina de pensamentos**. Nos quatro primeiros capítulos, Paulo fala do espírito partidário que já abordamos na nota anterior (n.º 4), nascido do personalismo. Traz a comparação entre a filosofia humana e a filosofia cristã. Vejamos: "Onde está o sábio? onde está o escriba? onde está o inquiridor deste século? Porventura não tornou Deus louca a sabedoria deste mundo? Visto como na sabedoria de Deus o mundo não conheceu a Deus pela sua sabedoria, aprouve a Deus salvar os crentes pela loucura da pregação" (1 Co 1:20-21).

E mais: "E eu, irmãos, quando fui ter convosco, anunciando-vos o testemunho de Deus, não fui com sublimidade de palavras ou de sabedoria. Porque nada me propus saber entre vós, senão a Jesus Cristo, e este crucificado. E eu estive convosco em fraqueza, e em temor, e em grande tremor. E a minha palavra, e a minha pregação, não consistiram em palavras persuasivas de sabedoria humana, mas em demonstração de Espírito e de poder; para que a vossa fé não se apoiasse em sabedoria dos homens, mas no poder de Deus. Todavia falamos sabedoria entre os perfeitos; não, porém, a sabedoria deste mundo, nem dos príncipes deste mundo, que se aniquilam; mas falamos a sabedoria de Deus, oculta em mistério, a qual Deus ordenou antes dos séculos, para nossa glória; a qual nenhum dos príncipes deste mundo conheceu; porque, se a conhecessem, nunca crucificariam o Senhor da glória. Mas, como está escrito: as coisas que o olho não viu, e o ouvido não ouviu, e não subiram ao coração do homem, são as que Deus preparou para os que o amam. Mas Deus no-las revelou pelo seu Espírito; porque o Espírito penetra todas as coisas, ainda as profundezas de Deus. Porque, qual dos homens sabe as coisas do homem, senão o espírito do homem, que nele está? Assim também ninguém sabe as coisas de Deus, senão o Espírito de Deus. Mas nós não recebemos o espírito do mundo, mas o Espírito que provém de Deus, para que pudéssemos conhecer o que nos é dado gratuitamente por Deus. As quais também falamos, não com palavras que a sabedoria humana ensina, mas com as que o Espírito Santo ensina, comparando as coisas carnais com as espirituais. Ora, o homem natural não compreende as coisas do Espírito de Deus, porque lhe parecem loucura; e não pode entendê-las, porque elas se discernem espiritualmente. Mas o que é espiritual discerne bem tudo, e ele de ninguém é discernido. Porque, quem conheceu a mente do Senhor, para que possa instruí-lo? Mas nós temos a mente de Cristo" (1 Co 2:1-16).

Mas que sabedoria é essa a que o Apóstolo da Gentilidade se refere? Não é a sapiência a virtude que liberta o indivíduo de suas agruras e aflições? Sim. Mas aqui cabe uma informação digna de menção: o *homem sábio* que Paulo argui diz respeito ao *homem intelectual*, que, por sua vez, não tem base divina em suas considerações, e, muito menos, um alicerce de concepção espiritual.

Conhecedor da ignorância humana, diz: "Irmãos, não vos pude falar como a pessoas espirituais, mas como a pessoas carnais, como a crianças em Cristo. O que vos dei para beber foi leite e não alimento sólido, pois não podíeis recebê-lo, nem ainda agora podeis" (1 Co 3:1-2).

E no capítulo III, Saulo de Tarso faz uma comparação sadia entre ele e Apolo: "Pois, quem é Paulo, e quem é Apolo, senão ministros pelos quais crestes, e conforme o que o Senhor deu a cada um? Eu plantei, Apolo regou; mas Deus deu o crescimento. Por isso, nem o que planta é alguma coisa, nem o que rega, mas Deus, que dá o crescimento. Ora, o que planta e o que rega são um; mas cada um receberá o seu galardão segundo o seu trabalho. Porque nós somos cooperadores de Deus; vós sois lavoura de Deus e edifício de Deus" (1 Co 3:5-9).

Do capítulo V até o fim, observamos Paulo respondendo aos coríntios bem-intencionados, que, a seu turno, consultaram o ex-rabino com muitas perguntas, a saber: se era melhor casar-se ou não se casar; se era permitido o divórcio; se os cristãos podiam confiar um processo a tribunais pagãos; se lhe era lícito comerem carnes sacrificadas aos ídolos; se podiam aceitar convites para os festins rituais dos gentios; se as mulheres de Corinto tinham na Igreja igualdade de direitos com os homens.

Ademais, Saulo fala da virgindade afirmando, em outras palavras, que não há antagonismo entre o estado matrimonial e o da virgindade voluntária; ambos, quando considerados à luz do Evangelho, confluem no ministério do Cristo. Desse modo, a virgindade, como tal, não é superior ao matrimônio senão apenas quando vivida por motivo de força maior (espiritual), como expressão de uma completa entrega à Lei Divina.

Não podemos deixar no ostracismo a "apoteose do amor", que vibrava nos tecidos sutis de sua alma como que se estivesse em êxtase. **Aliás, nunca a criatura humana fala e escreve tão bem como quando sua alma se acha empolgada de um grande amor e uma alegria (interna) intensa.** Ei-la: "AINDA que eu falasse as línguas dos homens e dos anjos, e não tivesse amor, seria como o metal que soa ou como o sino que tine. E ainda que tivesse o dom de profecia, e conhecesse todos os mistérios e toda a ciência, e ainda que tivesse toda a fé, de maneira tal que transportasse os montes, e não tivesse amor, nada seria. E ainda que distribuísse toda a minha fortuna para sustento dos pobres, e ainda que entregasse o meu corpo para ser queimado, e não tivesse amor, nada disso me aproveitaria. O amor é sofredor, é benigno; o amor não é invejoso; o amor não trata com leviandade, não se ensoberbece. Não se porta com indecência, não busca os seus interesses, não se irrita, não suspeita mal; não folga com a injustiça, mas folga com a verdade; tudo sofre, tudo crê, tudo espera, tudo suporta. O amor nunca falha; mas havendo profecias, serão aniquiladas; havendo línguas, cessarão; havendo ciência, desaparecerá; porque, em parte, conhecemos, e em parte profetizamos; mas, quando vier o que é perfeito, então o que o é em parte será aniquilado. Quando eu era menino, falava como menino, sentia como menino, discorria como menino, mas, logo que cheguei a ser homem, acabei com as coisas de menino. Porque agora vemos por espelho em enigma, mas então veremos face a face; agora conheço em parte, mas então conhecerei como também sou conhecido. Agora, pois, permanecem a fé, a esperança e o amor, estes três, mas o maior destes é o amor" (1 Co 13:1-13).

Que bela e instrutiva passagem, não? Salientamos, porém, que a fé e a caridade não são qualidades morais independentes uma da outra. Em verdade, as duas representam um estado de alma. A palavra *fé*, em latim, significa *fides*; em grego, significa *pistis*, e há o verbo *pisteuein* (fidelizar), que, por sua vez, não tem o mesmo radical do *fides*. Sendo assim, os tradutores latinos do texto grego empregam o verbo *credere* na Bíblia, que em português significa *crer*.

Quando Jesus disse: "Tudo é possível àquele que tem fé" (Mt 9:23), quis dizer, à luz da filosofia universal: "Tudo é possível àquele que tem *fides* (fidelidade) ao seu centro onipotente, seu Eu divino".

Paulo sabia o sentido verdadeiro da fé, pois pediu que a tivéssemos em nós mesmos "diante de Deus" (Rm 14:22). Ora, FIDELIDADE (*pisteuein*) ao CRIADOR só pode ser sentida no próprio indivíduo, já que a LEI DIVINA se encontra em nossa consciência (cf. *O Livro dos Espíritos*, perg. 621).

A fé, "portanto, é antes um estado de ser do que um ato de fazer. [...] Crer é uma experiência emocional, mas saber é uma conquista da inteligência que experiencia a realidade e se deixa arrebatar, nunca mais alterando a consciência em torno do que conhece. Pode-se mudar de crença; mas, quem passa a saber, enquanto vive em clima de normalidade, nunca mais ignora. Está ciente e vive consciente" (Joanna de Ângelis, *O Evangelho à Luz da Psicologia Profunda*, cap. *Luz e Caridade*).

"A fé sincera e verdadeira é sempre calma; faculta a paciência, que sabe esperar, porque, tendo seu ponto de apoio na inteligência e na compreensão das coisas, tem a certeza de chegar ao objetivo visado" (Allan Kardec, *O Evangelho Segundo o Espiritismo*, cap. XIX, item 3). Ora, como pode alguém ser calmo, sereno, pacífico sem já estar vivendo a caridade – cujo conceito é "benevolência para com todos, indulgência para com as imperfeições alheias e perdão das ofensas" (*O Livro dos Espíritos*, perg. 886)? Impossível!

E mais: "Para ser proveitosa, a fé tem de ser ativa; não deve entorpecer-se. Mãe de todas as virtudes que conduzem a Deus, cumpre-lhe velar atentamente pelo desenvolvimento dos filhos que gerou. A esperança e a caridade são corolários [consequências] da fé e formam com esta uma trindade inseparável. Não é a fé que faculta a esperança na realização das promessas do Senhor? Se não tiverdes fé, que esperareis? Não é a fé que dá o amor? Se não tendes fé, qual será o vosso reconhecimento e, portanto, o vosso amor?" (José, *O Evangelho Segundo o Espiritismo*, cap. XIX, item 11).

A fé, por fim, "é o firme fundamento das coisas que se esperam, e a prova das coisas que se não veem" (Hb 11:1).

De resto, acrescentamos que a ressurreição dos mortos causava aos cristãos (verdadeiros) de Corinto enormes dificuldades. Por essa razão, Paulo deixou para o final de sua Primeira Epístola aos Coríntios a doutrina da ressurreição, pois era, como já narramos alhures, um dos seus temas prediletos. E quase encerrando a carta, de seu próprio punho assinou a missiva (cf. 1 Co 16:21).

6. A Segunda Epístola aos Coríntios é, de todas as Cartas Paulinas, **a de maior sentimento**. Percebe-se, facilmente, a ideia de três ou quatro cartas justapostas, pois são missi-

vas diversas dirigidas a vários grupos de leitores em Corinto. Saulo demonstra a vontade de reencontrá-los; ainda não havia realizado esse desiderato, para poupá-los (cf. 2 Co 1:23).

Mais adiante, Paulo escreve que todos aqueles que aderiram à Boa Nova de Jesus, poderiam se considerar ministros de seu Evangelho. Não, porém, "da letra, mas do espírito; porque a letra mata e o espírito vivifica" (2 Co 3:6).

Vemos, também, nessa Segunda Missiva aos Coríntios, a convocação de todos para a renovação íntima, por ser incorruptível (cf. 2 Co 4:16).

Nos capítulos VIII e IX, Paulo escreve sobre as coletas. E, por fim, uma carta em quatro capítulos (X, XI, XII e XIII) sobre assuntos diversos. O que chama atenção é o lapso temporal e algum acontecimento grave no capítulo XI (sem motivo conhecido), porque vemos Paulo sair do "tom paternal" para uma "atitude passional", beirando o pieguismo para aqueles que não conhecem o temperamento viril desse missionário de primeira grandeza.

Mas não é isso: o ex-rabino utiliza-se da maiêutica socrática, apagando-se diante dos seus interlocutores de Corinto. Tal comportamento demonstra o sentimento sublime da humildade, pois o meio de nos tornarmos dóceis à vontade de Deus e o único de alcançarmos a perfeição é o dobrar-se, submeter-se, humilhar-se e mortificar-se (cf. Georges, *O Evangelho Segundo o Espiritismo*, cap. XVII, item 11). O próprio Paulo vai dizer mais adiante: "Basta-te a minha graça, pois é na fraqueza que a força da graça mostra seu poder. [...] Eis por que me alegro nas fraquezas, nos opróbrios, nas necessidades, nas aflições, nas angústias por amor do Cristo. Pois, quando sou fraco, então sou forte" (2 Co 12:9-10).

Caro leitor, o nobre matemático, físico e filósofo francês Blaise Pascal (1623-1662) diz com propriedade: "Há somente dois tipos de Homens: os justos, que se imaginam pecadores; e os pecadores, que se imaginam justos". Aqui vai o convite para uma reflexão individual: onde nos situamos?

7. A Carta aos Romanos, levada à capital do Império pela irmã Febe, responsável pela Igreja de Cencreia (cf. Rm 16:1), pode ser considerada como um profundo tratado de autorrealização, de autoconhecimento pela conscientização de Deus imanente na criatura humana. Isso chama-se *Monismo* – ou seja, Deus é Unidade, e os fenômenos são multiplicidade. Não há panteísmo nessa afirmação, porquanto a essência de Deus está igualmente presente em um átomo, em um astro, em uma planta, em um inseto, em um animal, no Homem, no Espírito Superior.

Todavia, a manifestação dessa essência total (Deus) não é igual em todos os seres. É do grau dessa manifestação da presença divina que depende a perfeição de cada indivíduo. No Reino Vegetal, o grau da manifestação da presença divina é em menor valor do que no Reino Animal.

O ser humano vai se apoderando lentamente da realidade cósmica à sua disposição, na medida em que se torna consciente dela – isto é, à medida em que a conhece. Todas as coisas que se revestem de formas separadas devem ter um fim, **pois não existe**

separatividade no Universo, senão a aparência da separação. O Uno sem par, que em si existe, que é a única Realidade, é compreendido como o Eu de cada um, a Vida Una da qual todas as formas são apenas manifestações transitórias. Até que se compreenda a ausência da separatividade, a alma passa de morte em morte.

Na Epístola aos Romanos, no capítulo VII, também se observa suma digressão de Paulo sobre sua pessoa – ou seja, uma espécie de confissão à guisa da obra *Confissões*, do Bispo de Hipona Agostinho. Vejamos: "Porque o que faço não o aprovo; pois o que quero isso não faço, mas o que aborreço isso faço. E, se faço o que não quero, consinto com a lei, que é boa. De maneira que agora já não sou eu que faço isto, mas o pecado que habita em mim. Porque eu sei que em mim, isto é, na minha carne, não habita bem algum; e com efeito o querer está em mim, mas não consigo realizar o bem. Porque não faço o bem que quero, mas o mal que não quero, esse faço. Ora, se eu faço o que não quero, já o não faço eu, mas o pecado que habita em mim. Acho então esta lei em mim, que, quando quero fazer o bem, o mal está comigo. Porque, segundo o homem interior, tenho prazer na lei de Deus; mas vejo nos meus membros outra lei, que batalha contra a lei do meu entendimento, e me prende debaixo da lei do pecado que está nos meus membros. Miserável homem que eu sou! Quem me livrará do corpo desta morte? Dou graças a Deus por Jesus Cristo nosso Senhor. Assim que eu mesmo com o entendimento sirvo à lei de Deus, mas com a carne à lei do pecado" (Ro 7:15:25).

O capítulo XVI consta, quase por completo, de saudações aos amigos e colaboradores de Paulo. É surpreendente o número de auxiliares apostólicos que Saulo tinha em Roma. Não citaremos eles aqui, porque a leitura ficaria enfadonha (cf. Ro 16:1-24).

Salientamos que nenhuma saudação foi feita a Simão Pedro, que, segundo a tradição (católica) posterior, teria sido o chefe eclesiástico na capital do Império Romano, e pontífice do Cristianismo Universal. Paulo nada sabe da presença de Cefas em Roma. Se lá tivera, certamente o ex-rabino tarsense o teria mencionado. Mas sabemos, pela obra *Paulo e Estêvão*, de forma exclusiva, que Simão Pedro (com seus familiares e João Boanerges) chegou em Roma, pela primeira vez, no ano 63, e fora bem acolhido, por Saulo, em uma casa perto dos cemitérios romanos.

8. A cidade de Mileto tornou-se famosa devido a seu grande filósofo Tales (625-558 a.C.). Ler a Parte I da obra *A Filosofia da História, sob a Visão Espiritual* (Editora AGE, 2019), de nossa autoria.
9. Filipe era pai de quatro donzelas piedosas. Eram médiuns ostensivas, e levavam uma vida quase claustral, entregues a exercícios de apostolado e caridade.
10. Paulo conheceu Ágabo (médium ostensivo) em Antioquia. Em transe mediúnico, um Espírito manifestou-se através do amigo que vinha de Jerusalém e estava a par dos acontecimentos – vaticinou coisas lúgubres para um futuro próximo. Em outras palavras: aflições que o ex-doutor de Tarso sofreria.
11. Vide, de forma sumária, a narração de Lucas (cf. At 21:23-24).

12. Nazireu (do hebraico *nazir*, "consagrado", "separado"), é o termo que designa uma pessoa que se consagra a Deus por um tempo determinado. Em virtude dessa consagração, o nazireu devia obedecer a exigências particulares, a saber: manter-se mentalmente são (abster-se de vinho e bebida fermentada), estar em sujeição a Deus (simbolizado pelo não cortar o cabelo) e manter-se puro (não tocar em cadáveres).

    Em outras palavras: Saulo fora convidado a *reabilitar-se, purificar-se*, a fazer, por assim dizer, penitência pública em uma profissão de fé no Judaísmo. Incrível cegueira desses homens! Depois de tão palpáveis testemunhos da virtude do Evangelho de Jesus, voltam eles a invocar a circuncisão, as cerimônias da lei mosaica e outras formalidades externas. Não negam o poder do Crucificado, é verdade, mas não querem de forma alguma ver sumida, pelos fulgures do Filho do Calvário, a figura de Moisés. Não desejam compreender o caráter provisório do mosaísmo e a índole definitiva do Cristianismo puro. Não abrem mão, os judeus-cristãos de Jerusalém, das abluções rituais antes das refeições, o corte praticado na carne do recém-nascido (circuncisão) e a abstenção de carne sufocada.

    Para Saulo deve ter sido humilhante e incompreensível a ideia de que os chefes cristãos, colegas, arautos do Evangelho Redentor, fossem vítimas de semelhante "miopia espiritual". O próprio Paulo diz, no livro *Paulo e Estêvão*, Segunda Parte, no capítulo VIII, que "isso não representa nobreza alguma. Essa exigência é uma ironia profunda e visa a reduzir-nos a crianças, de tão fútil que é. Não é perseguição; é humilhação; é o desejo de exibir homens conscientes como se fossem meninos volúveis e ignorantes."

    Salientamos que Tiago (Menor) dirigia os destinos da Igreja de Jerusalém, mas estava velho e não tinha mais forças para persuadir e coibir as manobras dos cristãos vindos do farisaísmo.

13. Sugerimos a leitura da obra *O Crucificado*, Parte VII (Editora AGE, 2021), de nossa autoria.

14. Para almas cientes e conscientes de sua missão no Bem, as grades nada significam, porque se encontram libertas interiormente. As amarras da Terra cingem apenas o corpo físico, que, instrumento do Espírito, nada sofre. Aliás, nada de grande acontece no mundo sem que alguém sofra ou desencarne. A prisão, o anfiteatro e a fogueira, a força e a cruz, as pedras e a espada assinalam os marcos memoráveis da história onde nasceu alguma torrente de nova vida espiritual. O mundo profano não tolera o triunfo do espírito. Nenhum passo decisivo a Humanidade consegue dar sem que algum de seus filhos destemidos, e cheios de amor, expire na ara do sacrifício. Assim aconteceu com Sócrates, em Atenas; com Joanna d'Arc, em Compiègne (França); com Giordano Bruno, em Roma; com Mohandas Karamchand Gandhi, na Índia; com Nelson Mandela, em Joanesburgo (África do Sul), e tantos outros.

    Com Saulo não foi diferente. Homem verdadeiramente grande, animado de um ideal superior a ele mesmo. Tão maravilhosos foram os frutos que o Evangelho do Cordeiro de Deus amadureceu entre os gentios da Ásia e da Europa, que Paulo de Tarso se esqueceu dos espinhos que lhe feriram os dedos e das cicatrizes que lhe cobriram o rosto e o corpo todo, porque sabia que "todos os que piamente querem viver em Cristo Jesus padecerão perseguições" (2 Tm 3:12). E somente isso faz-lhe merecer a admiração de seus semelhantes e a imortalidade através dos séculos.

15. O diálogo entre Paulo e o Rei Agripa II (na presença de Berenice, que, a seu turno, foi a primeira a manifestar-se, pedindo misericórdia para o prisioneiro) está narrado por Lucas (cf. At 26:1-32), bem como na Segunda Parte, capítulo VIII, do livro *Paulo e Estêvão*, cujo Espírito Emmanuel narra com assaz propriedade.

Ida a Roma, sem volta

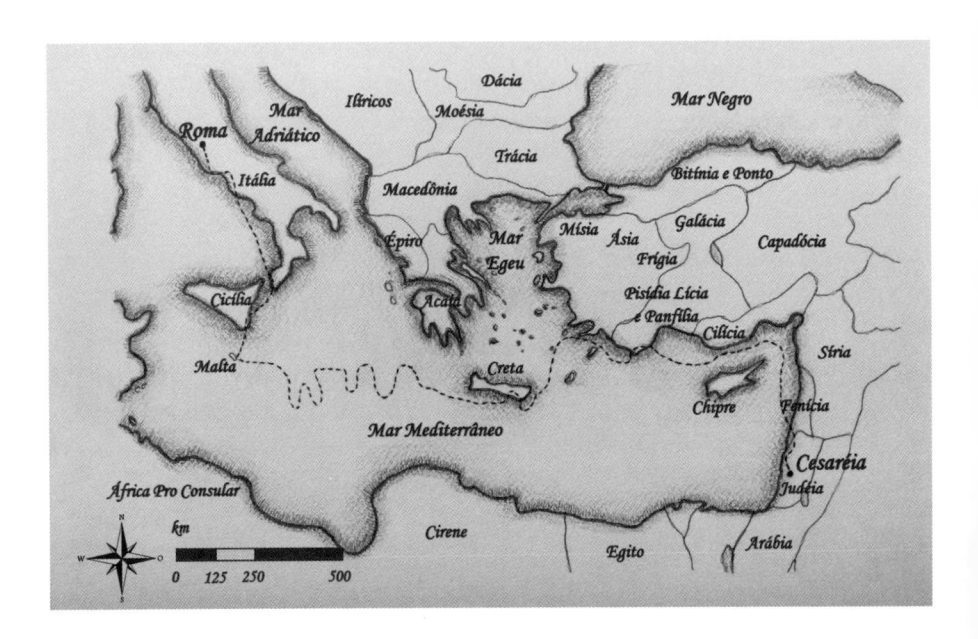

Como já narramos no texto anterior, de 58 a 60 Paulo ficou prisioneiro em Cesareia (marítima), sendo conduzido sob escolta, **em outubro do ano 60**, a Roma, tendo em vista o apelo que fizera a César. Era uma viagem sem volta, e, embora o ex-rabino tarsense não soubesse (conscientemente) disso, estava pronto a dar sua vida material em nome do Crucificado. Saulo viajou com Lucas, Timóteo e Aristarco (da Macedônia). Tiago (Menor) veio despedir-se de Paulo, com humildade incomum. A caravana ficou por conta de um centurião romano chamado Júlio – comandante da "Prima Augusta Italica", isto é, do destacamento da polícia imperial (cf. At 27:1). Era homem sereno e equilibrado; tornou-se amigo dos cristãos e os tratou com bondade na viagem.

Os navios daquele tempo eram veleiros de madeira que, por falta de bússola, guiavam-se pelo curso dos astros e se mantinham, quando possível, nas proximidades do litoral. O navio de Júlio foi costeando a Ásia Menor, rumo ao norte. Partiu de Cesareia e, no dia seguinte, chegaram em Sidon (cf. At 27:3), onde Paulo desembarca, com a autorização de Júlio, para falar com os Cristãos dali. O barco navegou ao longo das costas da Fenícia, contornou a Ilha de Chipre e costeou a Panfília, chegando ao Porto de Mira, na região da Lícia.

Levantaram ferro, com vento desfavorável. Soprava um forte nordeste, que a custo os deixou chegar a Cnido (cf. At 27:7). Saulo previu dificuldades enormes pelo caminho. Pediu a Júlio que comunicasse ao comandante sobre o assunto; assim foi feito. Aquele, porém, não deu importância ao pressentimento de Paulo.[1]

Não tardou para que um tremendo furacão se abatesse sobre o pequeno barco e ficasse **durante duas semanas viajando à matroca** (cf. At 27:13-20). **Depois de 14 dias, atingiram** a Ilha de Malta (cf. At 27:27-44; 28:1).[2]

Lá, prepararam uma fogueira para aquecerem-se do frio; foi nesse instante que uma serpente venenosa picou Paulo. Todos já esperavam sua morte. Ele, contudo, escapou sem nenhum mal-estar (cf. At 28:3-6).[3]

Governava a ilha de Malta, nesse tempo, um romano de nome Públio Apiano (?-†), que acolheu os náufragos em galpões inabitados, mas, a pedido de Júlio, hospedou Paulo em sua própria residência. O apóstolo curou, por meio do magnetismo, o pai de Públio, aproveitando, também, para anunciar a palavra do Cristo Jesus (cf. At 28:7-8).

Os náufragos (ao todo, 276 pessoas) **ficaram três meses na ilha de Malta**. Fins de fevereiro de 61, terminado o inverno, embarcou Júlio o seu pessoal, no Porto de Valetta, a bordo de um navio alexandrino que infernara na mesma ilha, chamado "Castor e Pólux" – divindades protetoras da náutica desse tempo (cf. At 28:11).

O primeiro porto em que escalaram foi Siracusa, na Sicília. Nas catacumbas dessa grande ilha conserva-se, ainda hoje, a recordação dos três dias sucessivos que Paulo ali passou e da sua pregação sobre o Reino de Deus. Depois aportaram em Régio (cidade a extremo sudoeste da Itália). Dali, foram a Putéoli (hoje: Pozzuoli). Júlio permitiu a Paulo aceitar o convite dos irmãos cristãos, para **ficar sete dias com eles** (cf. At 28:12-14). De Putéoli a Roma eram 208 km – ou seja, seis dias de viagem. **Saulo chegou em Roma no mês de março de 61.**

Notas

1. O pressentimento é uma intuição vaga das coisas futuras. São conhecidos, os que tem essa faculdade, como *médiuns de pressentimentos*, que, por sua vez, é uma variedade de *médiuns inspirados*. Todavia, torna-se difícil estabelecer um limite de onde uma começa e a outra termina. O pressentimento pode ocorrer de forma coletiva ou individual.

   Em *O Livro dos Médiuns*, capítulo XXVI, item 288, pergunta 14, lemos: "Como é então que certas pessoas são avisadas, por pressentimento, da época em que morrerão? As mais das vezes, é o próprio Espírito delas que vem a saber disso em seus momentos de liberdade e guardam, ao despertar, a intuição do que entreviam. Essas pessoas, por estarem preparadas para isso, não se amedrontam, nem se emocionam. Não veem nessa separação da alma e do corpo mais do que uma mudança de situação, ou, se preferirdes e para usarmos de uma linguagem mais vulgar, a troca de uma veste de pano grosseiro por uma de seda..."

   Na *Revista Espírita* de maio de 1866, assim está exarado: "Quando uma coisa é pressentida pelas massas, diz-se comumente que está no ar. Qual é a origem dessa expressão? Sua origem, como a de uma multidão de coisas das quais não se dá conta e que o Espiritismo vem explicar, está no sentimento íntimo e intuitivo da realidade; essa expressão é mais verdadeira do que se pensa. O pressentimento geral, na aproximação de algum grave acontecimento, tem duas causas: a primeira vem das massas inumeráveis de Espíritos que percorrem incessantemente o espaço, e que têm conhecimento das coisas que se preparam; em consequência de sua desmaterialização, estão mais no estado de seguir-lhe a experiência e prever-lhe o resultado. Esses Espíritos, que roçam incessantemente a Humanidade, comunicam-lhe seus pensamentos pelas correntes fluídicas que ligam o mundo corpóreo ao mundo espiritual. Embora não os vejais, seus pensamentos vos chegam como o aroma das flores escondidas sob as folhagens, e os assimilais com o vosso desconhecimento. O ar está literalmente sulcado dessas correntes fluídicas que semeiam a ideia por toda parte, de tal modo que a expressão *está no ar* não é somente uma figura, mas positivamente verdadeira. Certos Espíritos são mais especialmente encarregados, pela Providência, de transmitir aos homens o pressentimento das coisas inevitáveis, tendo em vista lhes dar uma advertência secreta, e eles se desincumbem dessa missão difundindo-a entre si. São como vozes íntimas que retinem em seu foro interior. A segunda causa desse fenômeno está no arrependimento do Espírito encarnado durante o repouso do corpo. Nesses momentos de liberdade, eles se misturam aos Espíritos similares, aqueles com os quais há mais afinidade; penetra-se de seus pensamentos, vê o que não pode ver com os olhos do corpo, relata a sua intuição do despertar, como de uma ideia toda pessoal. Isso explica como a mesma ideia surge ao mesmo tempo em cem pontos diversos e em milhares de cérebros."

2. A ilha em que os náufragos chegaram chamava-se *Mélita* – isto é, Ilha do Mel (hoje: Malta) e fazia parte da província da Sicília.

3. Ainda atualmente, o Apóstolo da Gentilidade, canonizado pela Igreja Católica (São Paulo), é invocado na Ilha de Malta contra a picada de víboras.

A palavra de Deus não está presa (2 Tm 2:9)

Em Roma, todos os amigos: Lucas, Timóteo e Aristarco foram liberados. Paulo, porém, foi levado ao General Sexto Afrânio Burrus (5-62), Prefeito da Guarda Pretoriana – homem honesto, amigo (pessoal) de Nero. Burrus disse a Paulo se seus documentos realmente provassem a cidadania romana, ficaria em regime de *Custodia Libera* – ou seja, podendo viver fora do cárcere, enquanto aguardava julgamento de seu recurso.

Durante os dez primeiros dias em Roma, Paulo ficou sob os olhos de um guarda pretoriano, enquanto o prefeito (Burrus) investigava a legitimidade do título que facultava o direito de apelação para César. Depois dessa fase preliminar, o ex-rabino teve a *Custódia Libera*. Resultado: Saulo teve uma prisão suave, que lhe permitia escolher um local de residência, com um soldado de plantão (cf. At 28:16).

Diz Lucas:

> Paulo ficou dois anos inteiros na sua própria habitação que alugara [de 61 a 63], e recebia todos quantos vinham vê-lo; pregando o reino de Deus e ensinando com toda a liberdade as coisas pertencentes ao Senhor Jesus Cristo, sem impedimento algum. (At 28:30-31.)

Salientamos que o relato acima foi o último de Lucas, em Atos dos Apóstolos. Estranho, não? Ora, desde Cesareia (marítima), Lucas o acompanhou e permaneceu em sua companhia em Roma. Por que o silêncio, depois de tão minuciosas narrativas, incluindo sermões, discursos importantes e com relativa fidelidade? Acreditamos que sua narrativa, dos tempos finais de Paulo, tenha se perdido, pois é incabível a abrupta interrupção do médico grego nos Atos dos Apóstolos, ainda mais quando sabemos que Lucas desencarnou depois do Apóstolo da Gentilidade.

Pois bem. No período de 61 a 63, enquanto preso em Roma, Paulo sabia que "a palavra de Deus não está presa" (2 Tm 2:9). Resultado: escreveu CINCO "Cartas".

A **Carta aos Efésios**, de que já citamos alguns trechos neste livro, diferencia-se das outras porque está revestida de solenidade e muitos pensamentos sobre a vida espiritual. Encarcerado, Paulo escreve:

> Tomai também o capacete da salvação e a espada do Espírito, que é a palavra de Deus; orando em todo o tempo com toda a oração e súplica no Espírito, e vigiando nisso com toda a perseverança e súplica por todos os santos, e por mim; para que me seja dada, no abrir da minha boca, a palavra com confiança, para fazer notório o mistério do evangelho, pelo qual sou embaixador em cadeias [preso em correntes]; para que possa falar dele livremente, como me convém falar. (Ef 6:17-20.)

Na **Carta aos Colossenses**, as controvérsias filosófico-religiosas em Colossos giravam em torno de um tema central: I) que se deve pensar do mundo material? II) Qual a sua origem? Divina ou diabólica? III) Que pensar do mal? IV) Provém ele da matéria ou não? A solução dada aos sábios da Frígia era que o mundo material não é obra de Deus, que é puro espírito e não se ocupa com a matéria imunda.

Pois bem: o Espiritismo traz essas questões à tona, em *O Livro dos Espíritos*. Comecemos com a primeira pergunta: que se deve pensar do mundo material? Na pergunta 53 da Revelação Espírita, Kardec questiona:

> O Universo foi criado, ou existe de toda a eternidade, como Deus? É fora de dúvida que ele não pode ter-se feito a si mesmo. Se existisse, como Deus, de toda a eternidade, não seria obra de Deus.

Desse modo, como o Universo é composto de matéria (o hidrogênio é o elemento mais abundante, seguido do hélio), conclui-se que os mundos materiais (pertencentes a todos os Universos) foram criados por Deus.

Segunda pergunta: qual a sua origem? Ou seja, qual a origem do mundo material? O Big-Bang não é somente a teoria cosmológica mais dominante para explicar o desenvolvimento inicial do Universo, mas também para constatar sua harmonia na criação, e, com efeito, a existência de um poder pensante (Deus) e atuante por detrás dessa coerência cósmica. Lê-se comumente que o Big-Bang significou a ocorrência de uma explosão de energia pura, dando início, em menos de um bilionésimo de segundo depois da explosão, ao nascimento do Universo, que, a seu turno, tinha a dimensão menor que a fração de um átomo. Minúsculo e extremamente quente (hoje, calcula-se 100 bilhões de graus centígrados), continha, em si, as quatro forças da natureza: Força Gravitacional, Força Eletromagnética (fótons), Força Nuclear Forte (prótons e nêutrons) e Força Nuclear Fraca (elétrons e neutrinos), que, por sua vez, estavam combinadas em uma superforça. A expansão do Universo só ocorreu porque a gravidade separou-se da superforça. Contudo, não houve uma explosão propriamente dita (Bang). O Universo começou com uma singularidade infinitesimalmente pequena. E não houve explosão no sentido convencional, já que foi a expansão do próprio espaço que afastou as estrelas umas das outras. Se apenas observarmos a temperatura do Universo, a relação entre gravidade, a força eletromagnética, e a força de coesão nuclear, ficaremos deslumbrados com a autossustentação de seu conjunto. Portanto, a origem do mundo material só pode ser de ORDEM DIVINA.[1]

Por isso, diz Paulo:

> Tende cuidado, para que ninguém vos faça presa sua, por meio de filosofias e vãs sutilezas, segundo a tradição dos homens, segundo os rudimentos do mundo, e não segundo Cristo. (Cl 2:8.)

A Terceira e quarta perguntas: que pensar do mal? Provém ele da matéria ou não? O mistério do mal constitui um problema que vem desafiando o intelecto humano por milhares e milhares de anos. Ainda é debatido com tal grau de energia, intensidade e interesse, como se jamais tivesse sido considerado antes. O mais importante, porém, é que subjacente ao problema do mal encontra-se oculta alguma verdade inestimável.

O mal não existe de forma absoluta, por si só, porque ele é relativo. Melhor dizendo: o mal existe nas relações entre as coisas e não é a elas inerente; varia com o tempo, com a sucessão dos acontecimentos e com o progresso do Universo. Existindo a diversidade (Universo), a limitação imediatamente está implícita à imperfeição. O perfeito é ilimitado, e o limitado é imperfeito. Dessa forma, a imperfeição é o resultado da limitação. Na totalidade, porém, pode-se encontrar perfeição; ela está no Todo, e não nas partes. A existência do Universo, pelo próprio fato da limitação, implica imperfeição no limitado, porque todo objeto, sendo necessariamente limitado, também é necessariamente imperfeito, pois é menos que o Todo. A própria manifestação do Universo físico constitui a origem da imperfeição. Se conseguirmos compreender esses pontos supracitados, teremos a origem da imperfeição, ou, melhor dizendo: daquilo que chamamos comumente *mal*.

O notável bispo de Hipona Agostinho, em sua obra *Confissões*, assim escreve:

> [...] Mas quem me criou? Não foi meu Deus, que não somente é bom, mas é ele a própria bondade? [...] Como explicar que a minha vontade tenda para o mal e não para o bem? Será isso talvez uma punição justa? Quem plantou em mim esses germes de sofrimento e os alimentou, uma vez que sou criatura do meu Deus, que é cheio de amor? [...] Se foi o Diabo, de onde vem ele? Se também ele se tornou diabo por sua própria vontade perversa, ele que era um anjo bom inteiramente criado por um Deus de bondade, de onde lhe veio essa vontade má que o tornou diabo? [...] De modo algum pode a corrupção afetar o nosso Deus, seja por qualquer acontecimento imprevisto, porque ele é o próprio Deus, e tudo o que quer para si é bom, e ele próprio é o bem. Porém, estar sujeito à corrupção não é um bem. Tu não podes ser obrigado a alguma coisa contra a tua vontade, pois tua vontade não é maior que teu poder; e somente seria maior se fosses maior que tu mesmo. O poder e a vontade de Deus são o próprio Deus.

O Espiritismo não se demorou muito nas questões do mal metafísico. E conquanto Allan Kardec tenha feito algumas afirmações sobre o tema, **a profundidade da questão ainda persiste**. O mestre lionês afirma que Deus não criou o mal, e estabeleceu leis sempre boas, porque o Criador é soberanamente bom (cf. *O Que é o Espiritismo*, perg. 129). Malgrado, se contradiz nove anos depois, quando na obra *A Gênese* diz que o mal existe e tem uma causa (cf. *A Gênese*, capítulo III, item 3). E ainda que um pouco mais adiante, no mesmo livro, de forma notável, traga sua opinião pessoal de que **o mal é a ausência do bem, como o frio é a ausência do calor**, argui (na relatividade das coisas) que onde não existe o bem, forçosamente existe o mal (cf. *A Gênese*, capítulo III, item 8).

Concluímos, dizendo que para Paulo a perfeição cristã não consiste na fuga das criaturas humanas, mas no reto uso delas; não na extinção das energias orgânicas, mas na sua espiritualização mediante completa subordinação às coisas do espírito. O Evangelho do Crucificado, se não é do mundo, também não está fora dele, pois vive nele, e seus adeptos devem aprender a viver no mundo, sem pertencer ao mundo. Que o verdadeiro cristão (o indivíduo crístico) mostre sua espiritualidade pelo culto da ética, pelo amor à verdade e pela caridade fraterna. É essa virtude divina do Evangelho de Jesus, o Cristo.

A **Carta a Filêmon** diz respeito a um abastado comerciante de Colossos, convertido ao Evangelho do Cristo por Paulo. O rico homem tinha um jovem escravo inteligente chamado Onésimo (que significa "útil"). Certo dia, Onésimo trai a confiança do patrão e foge com uma soma de dinheiro. Depois de gastar tudo que havia furtado, resolve se refugiar em Roma – local de todos os vagabundos do Império. Lá chegando, busca Paulo, pois sabia seu paradeiro, já que várias vezes levou cartas de Filêmon ao Apóstolo da Gentilidade. Faz sua confissão ao ex-rabino, e este diz ao jovem sobre a verdadeira liberdade da alma, dada pelo Cristo. Resultado: Paulo sugere a Onésimo para que volte a Colossos, confesse a sua culpa, aceite o castigo. Quanto ao pecúlio surrupiado, Saulo se entenderia com Filêmon, ressarcindo-o (cf. Fm 1:18-19).

É uma pequenina carta escrita com graça e delicadeza. O Convertido de Damasco sabia que a solução do problema social não está em medidas legislativas ou policiais, mas sim na transformação das almas, na cristificação do indivíduo pela fé e pelo amor – duas qualidades morais inseparáveis. Tal comportamento do amigo tarsense nos faz lembrar o filósofo holandês Baruch Spinoza (1632-1677), quando argui:

> A paz não consiste na ausência de guerras, mas na união dos corações.

Sobre a **Carta aos Filipenses**, discordamos do singular e saudoso escriba espírita Hermínio Corrêa Miranda, quando afirma, em seu livro *As Marcas do Cristo*, volume I, no subtítulo *A Cronologia*, que:

> A Epístola aos Filipenses teria sido escrita em Éfeso, entre 56 e 57.

Ora, São Crisóstomo (347-407), em seu livro *Cartas a Paulo*, volume 3, assevera que:

> No momento, porém, em que lhes escrevia [aos de Filipos], aconteceu que estava preso.

O Arcebispo de Constantinopla baseia-se na informação do próprio Apóstolo dos Gentios:

> As minhas cadeias se tornaram conhecidas em Cristo por todo o Pretório. (Fp 1,13.)

Corria o ano 63. Paulo estava com Timóteo, porque diz:

> E espero no Senhor Jesus que em breve vos mandarei Timóteo, para que também eu esteja de bom ânimo, sabendo dos vossos negócios. (Fp 2:19.)

Ademais, recebeu dos cristãos de Filipos uma doação. Vejamos:

> Mas bastante tenho recebido, e tenho abundância. Cheio estou, depois que recebi de Epafrodito o que da vossa parte me foi enviado, como cheiro de suavidade e sacrifício agradável e aprazível a Deus. (Fp 4:18.)

Diante de todas as "Cartas Paulinas", a Epístola aos Filipenses é a mais carinhosa e cheia de coragem e esperança, pois foi escrita com o coração nos lábios. Diz Saulo:

> Regozijai-vos sempre no Senhor; outra vez digo, regozijai-vos. Seja a vossa equidade notória a todos os homens. Perto está o Senhor. (Fp 4:4-5.)
>
> [...] Já aprendi a contentar-me com o que tenho. Sei estar abatido, e sei também ter abundância; em toda a maneira, e em todas as coisas estou instruído, tanto a ter fartura, como a ter fome; tanto a ter abundância, como a padecer necessidade. Posso todas as coisas em Cristo que me fortalece. (Fp 4:11-13.)

Que demonstração de coragem, de fé e de um estado de alma liberto das ilusões do mundo! O indivíduo que atingiu as serenas alturas de um equilíbrio psíquico (portanto, espiritual), já não tem poder seu destino, porque está livre para servir a Deus. Não o perturbam os labores da vida, nem os horrores da morte física, porque sabe que o desenlace do carro orgânico, na desencarnação, é a aurora da verdadeira vida (a espiritual). Ora, não deve a criatura humana espiritualizada *desejar* a morte sem *procurá-la*?

Bem disse Paulo:

Preferia partir, ou retornar, para estar com Cristo, porque é muito melhor. Mas é mais necessário ficar nesse corpo por causa de vós. (Fp 1:23-24.)

Em *O Livro dos Espíritos*, na resposta à pergunta 738[b], lê-se:

> Se considerásseis a vida qual ela é e quão pouca coisa representa com relação ao infinito, menos importância lhe daríeis. Em outra vida, essas vítimas acharão ampla compensação aos seus sofrimentos, se souberem suportá-los sem murmurar.

Uma observação digna de menção: Emmanuel, em *Paulo e Estêvão*, nada comenta sobre a Epístola aos Filipenses, conquanto o ex-rabino já possuía, quando a escreveu, vasta experiência de apostolado.

Quanto à **Carta aos Hebreus**, desde os primeiros séculos da história da Igreja até hoje, teólogos tentam estabelecer quem teria sido o autor dessa missiva. A grande maioria acredita que o escrevente não foi Paulo. O Espírito Emmanuel, na obra *Paulo e Estêvão*, Segunda Parte, capítulo IX, responde sobre essa dúvida. Vejamos:

> [...] Em dois meses entregava o trabalho a Aristarco [da Macedônia] para copiá-lo, dizendo:
> – Esta é a Epístola aos Hebreus. Fiz questão de grafá-la, valendo-me dos próprios recursos, pois que a dedico aos meus irmãos de raça e procurei escrevê-la com o coração.
> O amigo compreendeu o seu intuito e, antes de começar as cópias, destacou o estilo singular e as ideias grandiosas e incomuns.

O Espírito Amélia Rodrigues, no livro *Primícias do Reino*, no *Posfácio*, coaduna com Emmanuel, dizendo que:

> [...] A Epistola aos hebreus, no Concílio de Trento [1545-1563], foi atribuída ao apóstolo Paulo, enquanto o [Concílio] de Cartago [conjunto de encontros clericais realizados nos séculos III, IV e V] supunha-a de autor ignorado. Preferimos a primeira assertiva.

Sendo assim, embora não traga em seu início a habitual saudação de Paulo, foi ele que escreveu a Epístola aos Hebreus, confiando-a, ato contínuo, a Aristarco para copiá-la. Resultado: diferente da escrita do apóstolo tarsense, seu discípulo da Macedônia a escreve com um estilo literário helenístico e um profundo conhecimento do grego. Aliás, é considerado pela crítica como o mais belo grego do Novo Testamento. Ademais, Aristarco utiliza-se da Septuaginta (LXX) com notória habilidade.

Nenhum documento neotestamentário se iguala à Carta aos Hebreus no estabelecimento do nexo entre o Velho e o Novo Testamento. Com seu formato inigualável e não convencional, é considerada um tratado teológico, por conta de seu prólogo de abertura (cf. Hb 1:1-4). **A Epístola aos Hebreus começa como um compêndio, prossegue como sermão e termina como carta.**

Paulo diz que Deus criou a Terra, que os céus também são obras das mãos Dele (cf. Hb 1:10). Dizem os Espíritos, conforme já narramos acima, que o Universo foi criado por Deus (cf. *O Livro dos Espíritos*, perg. 37), e Allan Kardec complementa dizendo que a razão demonstra não ser possível que o Universo se tenha feito a si mesmo e muito menos tenha sido obra do acaso, chegando à óbvia conclusão de que Deus não é o Universo, pois teve princípio e terá fim; caso contrário, seria o próprio Deus, que é Absoluto.

Infelizmente, ainda usamos o vocábulo *Criador* para entender a própria *Criação*; usamos a sentença *Deus criou* para explicar um *ato criativo*. Quão imperfeitos ainda somos! Usamos as expressões *sabedoria de Deus* e/ou *poder de Deus* para traduzir a grandeza e imensidão da *força divina* como existente em um ser próprio – isto é, como se tal *força divina* procedesse do *poder divino* à semelhança da vontade que procede da inteligência. Sim; essa é uma maneira de raciocinar.

No entanto, a *vontade de Deus* (*sabedoria de Deus*) também se faz *poder de Deus*, porque existe, por si mesmo, um poder do *poder primeiro*, e não gerado de Deus, tirando deste o que Ele é. Ora, não houve tempo em que a *sabedoria divina* (*vontade divina*) não tivesse existido, ainda que pensemos, quando raciocinamos ou vamos nos expressar, que ela não existiu e que depois ela passou a existir. Pensar ao contrário é *parvoíce*, pois perguntar-se-ia: qual a razão por que Deus, que deu existência à *sabedoria divina* não o fez antes? E se a resposta for fixarmos como um COMEÇO (DEUS CRIOU), o momento em que a *vontade de Deus* proveio do *poder de Deus*, colocaremos de novo a questão: por que não antes o suposto começo? E desse modo, caro leitor, sempre perguntando pelo que se passou antes, e sempre remontando nossas interrogações cada vez mais, chegaremos a compreender que, se Deus sempre pôde e quis, jamais poderia acontecer nem haveria causa para que ele não possuísse sempre o bem que queria. Nossa digressão tem como intuito demonstrar que a *sabedoria de Deus*, a *vontade de Deus* e/ou o *poder de Deus* sempre existiu sem ter outro princípio senão o próprio Deus.

Em verdade, o Universo foi criado *de* Deus e não *por* Deus. A Divindade, sendo dinâmica por natureza, faz emanar ou irradiar o Universo de si, da substância divina. O Universo é um pensamento de Deus; ele existe enquanto Deus o pensa, e deixa de existir no momento em que Deus deixa de o pensar. O Universo nasceu *de* Deus, e não foi manufaturado *por* Deus; não é *idêntico* a Deus nem está *separado* de Deus; é *distinto* Dele, embora *exista* Nele. Deus é a única Realidade – o UM e o TODO dos Universos. O UNO se manifesta como VERSO, e o verso revela parcialmente o UNO.

A Epístola aos Hebreus traz como tema central a superioridade de Jesus, o Cristo, ressaltando que Ele é superior aos anjos, a Moisés, à casa de Arão e ao sacerdócio do Antigo Testamento (cf. Hb 1:1-2; 3:1-4; 8:1-10). Ressaltamos que Jesus não foi o *fundador* do Cristianismo, mas sim a *semente* do Cristianismo. Ele jamais teve a intenção de lançar fora a religião judaica e colocar outra no lugar. Basta revisarmos o Evangelho de Mateus, em que se lê:

> Não penseis que vim revogar a Lei ou os profetas: não vim revogar, mas completar. Pois em verdade vos digo: até que o céu e a Terra caduquem, de modo algum caducarão, nem um *i*, nem um til da Lei, até que tudo evolua. (Mt 5:17-20.)

Nessa passagem acima, Jesus declara que não veio revogar, mas COMPLETAR a Lei. As traduções vulgares trazem o verbo CUMPRIR, o que não seria nada de extraordinário, já que TODOS nós viemos também para cumprir a Lei, e, com efeito, seria uma afirmativa inútil. Todavia, o verbo *plêrâsai*, do grego, significa COMPLETAR. A missão de Jesus, então, é trazer complementos, acréscimos, para completar o que Moisés ensinou. Ora, **o Antigo Testamento é a semente da revelação divina. O Novo Testamento é a árvore na plenitude da sua evolução e beleza. A lei antiga é a aurora; a lei evangélica é a flor em todo esplendor das suas cores e na doce fragrância dos seus perfumes.**

Para Saulo, o perigo de não ter fé é uma realidade e não apenas uma hipótese (cf. Hb 3:12; 6:4-6; 10:26-29), porquanto nossa segurança para enfrentarmos os desafios que a existência física nos impõe, para o nosso crescimento moral e espiritual, está condicionada à nossa permanência nesse estado de alma chamado *fé* (cf. Hb 11:1-40).

A Carta aos Hebreus chama Jesus de Sumo-Sacerdote (cf. Hb 2:16-18; 4:14-15; 7:3), mas sem confundi-Lo com o Sumo-Pontífice conhecido dos judeus, até mesmo porque a função sacerdotal, com seus ritos, era realizada no Templo de Jerusalém (cf. Hb 9:2-7), e lá Jesus só exerceu atividades proféticas.

O ex-rabino propõe que seus leitores permanecessem no amor fraternal (cf. Hb 13:1). Perguntar-se-ia: mas que amor é esse? Como identificá-lo e, principalmente, senti-lo? Responderemos, trazendo uma mensagem do Espírito Joanna de Ângelis, pela mediunidade de Divaldo Pereira Franco, que se encontra no livro *Amor, Imbatível Amor*, capítulo I:

> O amor é a substância criadora e mantenedora do Universo, constituído por essência divina.
>
> É um tesouro que, quanto mais se divide, mais se multiplica, e se enriquece à medida que se reparte.
>
> Mais se agiganta, na razão que mais se doa. Fixa-se com mais poder, quanto mais se irradia.
>
> Nunca perece, porque não se entibia nem se enfraquece, desde que sua força reside no ato mesmo de doar-se, de tornar-se vida.
>
> Assim como o ar é indispensável para a existência orgânica, o amor é o oxigênio para a alma, sem o qual ela se enfraquece e perde o sentido de viver.
>
> É imbatível, porque sempre triunfa sobre todas as vicissitudes e ciladas.
>
> Quando aparente – de caráter sensualista, que busca apenas o prazer imediato – se debilita e se envenena, ou se entorpece, dando lugar à frustração.
>
> Quando real, estruturado e maduro – que espera, estimula, renova –, não se satura; é sempre novo e ideal, harmônico, sem altibaixos emocionais. Une as pessoas, porque reúne as almas, identifica-as no prazer geral da fraternidade, alimenta o corpo e dulcifica o eu profundo.
>
> O prazer legítimo decorre do amor pleno, gerador da felicidade, enquanto o comum é devorador de energias e de formação angustiante.
>
> O amor atravessa diferentes fases: o infantil, que tem caráter possessivo; o juvenil, que se expressa pela insegurança; e o maduro, pacificador, que se entrega sem reservas e faz-se plenificador.
>
> Há um período em que se expressa como compensação, na fase intermediária entre a insegurança e a plenificação, quando dá e recebe, procurando liberar-se da *consciência de culpa*.

O estado de prazer difere daquele de plenitude, em razão de o primeiro ser fugaz, enquanto o segundo é permanente, mesmo que sob a injunção de relativas aflições e problemas-desafios que podem e devem ser vencidos.

Somente o amor real consegue distingui-los e os pode unir quando se apresentem esporádicos.

A ambição, a posse, a inquietação geradora de insegurança – ciúme, incerteza, ansiedade afetiva, cobrança de carinhos e atenções –, a necessidade de ser amado caracterizam o estágio do amor infantil. Obsessivo, dominador, que pensa exclusivamente em si antes que no ser amado.

A confiança, suave-doce e tranquila, a alegria natural e sem alarde, a exteriorização do bem que se pode e se deve executar, a compaixão dinâmica, a não posse, não dependência, não exigência são benesses do amor pleno, pacificador, imorredouro.

Mesmo que se modifiquem os quadros existenciais, que se alterem as manifestações da afetividade do ser amado, o amor permanece libertador, confiante, indestrutível.

Nunca se impõe, porque é espontâneo como a própria vida e se irradia mimetizando, contagiando de júbilos e de paz.

Expande-se como um perfume que impregna, agradável, suavemente, porque não é agressivo nem embriagador ou apaixonado...

O amor não se apega, não sofre a falta, mas frui sempre, porque vive no íntimo do ser e não das gratificações que o amado oferece.

O amor deve ser sempre o ponto de partida de todas as aspirações e a etapa final de todos os anelos humanos.

O clímax do amor se encontra naquele sentimento que Jesus ofereceu à Humanidade e prossegue doando, na sua condição de Amante não amado.

E é justamente esse amor fraternal (maduro) que nos faz sentir que somos peregrinos nas diversas carreiras da existência. Somos infortunados cegos, tateando nas trevas compactas desse lodaçal asfixiante da Terra. Posto isso, Espíritos imperfeitos e arrependidos que somos, em nossas preces mais fervorosas, imploremos bênçãos e auxílio a Jesus. Somente Ele nos pode conceder essa força, para nos tornarmos invencíveis, invulneráveis ao mal.

Não nos conformemos, portanto, com sua situação de simples hóspede de um mundo que não nos pertence, "porque não temos aqui [na Terra] cidade permanente, mas buscamos a futura" (Hb 13:14). Ora, não somos seres humanos passando por uma experiência espiritual. Somos, sim, seres espirituais passando por uma experiência humana.

O fim da Epístola aos Hebreus dá a impressão de uma verdadeira carta escrita por Paulo (cf. Hb 13:22). No entanto, trata-se de um sermão cristão (da era apostólica). Portanto, obra de um discípulo ligado (Aristarco) ao pensamento paulino.

Notas

1. Recentemente, o multimilionário telescópio James Web (U$ 10 bilhões), da NASA, fez uma descoberta de seis galáxias gigantescas, cada uma delas, pelo menos, do tamanho de nossa galáxia – a Via Láctea. O interessante é que elas foram formadas aproximadamente há 700 ou 500 milhões de anos, depois do Big-Bang, segundo os cálculos dos cosmólogos responsáveis pela observação desse inusitado instrumento óptico espacial. Ora, isso coloca em dúvida o atual entendimento sobre a formação das galáxias, porquanto o James Web mostrou, pelas irradiações infravermelhas do espectro, que as seis MASSIVAS galáxias já haviam sido "explodidas" muito rapidamente após o Big-Bang, quando o Universo era apenas 3% de sua idade atual (14,5 bilhões de anos). Isso coloca em jogo, no mínimo, um repensar de como as galáxias se formam.

    Em outras palavras: quando se olha para o cosmos, vemos o passado. Como assim? Vamos explicar. A luz não vence instantaneamente a distância de um lugar a outro, e sim sucessivamente. Como exemplo, a luz de uma estrela emprega certo tempo para chegar à Terra, e essa duração depende naturalmente da distância de uma a outra. A velocidade da luz é de 300.000 km/s. Isso equivale a dizer que, se fosse possível dar voltas, a luz faria oito vezes a volta na Terra em apenas um segundo. A luz emprega 15 minutos e ¼ para vir da Lua à Terra. A luz emprega 8 minutos e 13 segundos para vir do Sol à Terra. A luz emprega 42 minutos para nos chegar de Júpiter. A luz emprega 2 horas para nos chegar de Urano. A luz emprega 4 horas para nos chegar de Netuno.

    Desse modo, se nos transportássemos para além do sistema planetário, as distâncias seriam incomparavelmente mais vastas, e maior a demora na chegada da luz. O raio luminoso saído da estrela mais próxima da Terra, a Alfa do Centauro, despende mais de 1.400 dias para nos atingir. O raio luminoso que vem de Sírius emprega 10 anos para atravessar o abismo que nos separa desse Sol. O raio luminoso que parte da estrela Capela franqueia o intervalo de 72 anos para chegar à Terra. O raio luminoso que parte da estrela Alcione emprega 715 anos para chegar à Terra.

    Fazendo uma comparação simples e eficaz, o raio luminoso seria um correio trazendo, não notícias escritas, mas a fotografia, ou, mais rigorosamente ainda, o próprio aspecto do país donde saísse. Vemos esse aspecto tal qual era no momento em que os raios luminosos enviados de cada um dos pontos do país no-lo fazem conhecido, na ocasião, repitamos, em que de lá tenham saído. Quando, por exemplo, examinamos ao telescópio a superfície de um astro, não a vemos tal qual ela é no instante em que a observamos, e sim tal qual era ao tempo em que a luz, que ora nos chega, foi emitida pela dita superfície.

Aí está uma surpreendente transformação do passado em presente. O passado do planeta ou astro é rigorosa e positivamente o presente do observador. E o que lá está ocorrendo, nós não o vemos ainda.

Posto isso, quando o JWST observa as seis galáxias descobertas, está vendo-as APENAS cerca de 600 milhões de anos após o Big-Bang. E o que isso significa? Ora, que elas são GRANDES demais para o que se achava que nessa época uma galáxia seria capaz – isto é, muito MASSIVA para existir há 700 e 500 milhões de anos. A questão é que algumas dessas galáxias têm população de estrelas com mais de 1 bilhão de anos. Perguntar-se-ia: se o Universo material foi criado 320 milhões após o Big-Bang, como podem as estrelas que compõem as seis massivas galáxias serem mais antigas (600 milhões de anos após o Big-Bang) que o próprio Universo (320 milhões de anos após o Big-Bang, cuja idade é de 14,5 bilhões de anos)?

O que o telescópio espacial James Web pretendia encontrar eram estrelas muito jovens (portanto, de cores azuis), que acabaram de se formar, matéria escura e, talvez, alguns buracos negros. Entretanto, o que foi visto pelo JWST foram galáxias GRANDES, como a Via Láctea, e muito mais MASSIVAS, com estrelas velhas. Ou seja, galáxias que já deveriam estar ali há muito mais tempo do que se imaginava possível. Melhor dizendo: como se enxerga o passado, quando se observa o céu, esperava-se que o James Web olhasse para o momento em que as galáxias estariam se formando, mas, ao revés, viram-se galáxias velhas e grandes.

Um questionamento surge: então está em dúvida a história do Universo? Está em jogo a Teoria do Big-Bang? Ainda é muito cedo para afirmar isso, visto que a própria formação das galáxias ainda é desconhecida. Portanto, se é sabido muito pouco sobre como as galáxias se formam, como dizer se uma galáxia é, ou não, mais velha que a Via Láctea? Sugerimos ao leitor uma descoberta muito maior – penetrar no universo íntimo e desvelar sua grandeza infinita.

Os anos finais

Narra o Espírito Emmanuel, no livro *Paulo e Estêvão*, Segunda Parte, capítulo VIII, que:

> [...] havia quase dois anos que o seu recurso a César jazia esquecido nas mesas dos juízes displicentes, quando sobreveio um acontecimento de magna importância.

Que fato importante foi esse, que mudou o rumo dos acontecimentos? É que:

> [...] certo dia, um legionário amigo levou ao convertido de Damasco um homem de feições másculas e enérgicas, aparentando 40 anos mais ou menos. Tratava-se de Acácio Domício, personalidade de grande influência política e que de algum tempo tinha cegado em misteriosas circunstâncias. (Emmanuel, *Paulo e Estêvão*, Segunda Parte, cap. IX.)

O nosso protagonista falou-lhe de Jesus e, impondo-lhe as mãos, em uma ação magnética, pois se tornara um verdadeiro médium curador, restituiu-lhe a vista. Feliz com a cura, Acácio interessou-se pelo Evangelho de Jesus, bem como pela sorte de Paulo.

Dentro de quatro dias (o ano é 63), Saulo foi convocado para uma audiência perante os juízes, à qual compareceu sozinho, pois assim determinava a lei romana. Nada impedia um parecer favorável ao Apóstolo dos Gentios, e remeter o processo ao julgamento final de Nero.

E assim foi feito: Acácio Domício foi portador da documentação e movimentou influências pessoais, inclusive com Popeia Sabina (30-65), conseguindo, assim, a absolvição do Imperador Romano. Liberto das obrigações da *Custodia Libera* e "livre da boca do leão" (2 Tm 4:17), **no início do ano 63, o apóstolo de Tarso visitou durante um mês as comunidades cristãs dos bairros da capital romana** (cf. Emmanuel, *Paulo e Estêvão*, Segunda Parte, capítulo IX).

Aqui ressaltamos: é quase impossível falarmos de Paulo sem associá-lo a Simão Pedro. Aquele recebera este, no Porto de Óstia, juntamente com seus familiares, e João Boanerges, no ano 63, depois que o filho de Jonas escreveu, de Corinto, ao amigo, informando sua desilusão com os cristãos da Ásia, e, com efeito, pediu asilo na Cidade Eterna. Leiamos:

> [...] O convertido de Damasco leu e releu a mensagem amiga, altamente sensibilizado.
> Pelo emissário, irmão da Igreja de Corinto, foi avisado de que o venerando Apóstolo de Jerusalém chegaria ao porto de Óstia dentro de dez dias, mais ou menos. Não hesitou um momento. Lançou mão de todos os meios ao seu alcance, preveniu os íntimos e preparou uma casa modesta, onde Pedro pudesse alojar-se com a família. Criou o melhor ambiente para a recepção do respeitável companheiro.
> [...] Informado de que a embarcação entrava no porto, o ex-rabino largou-se pressurosamente para Óstia. Lucas e Timóteo, sempre em sua companhia, junto de outros cooperadores devotados, o amparavam nos pequenos acidentes do caminho, dando-lhe o braço, aqui e ali.
> [...] Paulo de Tarso estendeu os braços ao velho amigo de Jerusalém, tomado de alegria. Simão trouxera a esposa e os filhos, além de João.
> [...] Depois das suaves alegrias do reencontro, o grupo se encaminhou discretamente para a casinha reservada a Simão Pedro e sua família.
> [...] Com a sua chegada, recrudesceram os serviços apostólicos, mas o pregador do gentilismo não abandonou a ideia de ir à Espanha. Alegando que Pedro o substituiria com vantagem, deliberou embarcar no dia prefixado em um pequeno navio que se destinava à costa gaulesa. Não valeram amistosos protestos, nem mesmo a insistência de Simão para que adiasse a viagem. Acompanhado de Lucas, Timóteo e Demas, o velho advogado dos gentios partiu ao amanhecer de um dia lindo, cheio de projetos generosos.
> A missão visitou parte das Gálias, dirigindo-se ao território espanhol, demorando-se mais na região de Tortosa. Em toda parte, a palavra e feitos do Apóstolo ganhavam novos corações para o Cristo, multiplicando os serviços do Evangelho e renovando as esperanças populares, à luz do Reino de Deus. (Emmanuel, *Paulo e Estêvão*, Segunda Parte, cap. X.)

Clemente Romano (35-100), ou Clemente I, Bispo de Roma (entre 88 e 97), em sua Primeira Carta aos Coríntios, no capítulo V, versículo 7, confirma o que Emmanuel diz no que se refere à ida do ex-rabino à Espanha, quando assim narra:

> [Paulo] ensinou a justiça no mundo todo e chegou até os confins do Ocidente, dando testemunho diante das autoridades. Assim, deixou o mundo e foi buscar o lugar santo, ele que se tornou o mais ilustre exemplo da paciência.[1]

Perguntar-se-ia: Paulo de Tarso, saindo de Roma e indo para a Espanha (o extremo limite ocidental do Império Romano), sem antes ir ao Oriente? Não é o que está exarado na Carta aos Romanos, redigida na cidade de Corinto. Vejamo-la:

> Quando partir para Espanha irei ter convosco; pois espero que de passagem vos verei, e que para lá seja encaminhado por vós, depois de ter gozado um pouco da vossa companhia. Mas agora vou a Jerusalém para ministrar aos santos. [...] Assim que, concluído isso, e havendo-lhes consignado esse fruto, de lá, passando por vós, irei à Espanha. (Ro 15:24-25,28.)

Pois é, caro leitor: Emmanuel informa que Paulo não foi ao Oriente para, em seguida, dar curso à sua viagem para a Espanha. **E mais: deixa claro que o ex-rabino tarsense não mais voltou ao Oriente, desde que chegou em Roma (em março de 61)**. De resto, o autor espiritual informa que Timóteo (e não Paulo) foi para o Oriente, partindo da Espanha. Lê-se que:

> [...] atendendo à necessidade das Igrejas do Oriente, Timóteo partira da Espanha para a Ásia, carregado de cartas e recomendações amigas. (Emmanuel, *Paulo e Estêvão*, Segunda Parte, cap. X.)[2]

A primeira onda de perseguição aos chamados *cristãos* fez-se sentir no ano 64, instigada pelo Imperador Romano Nero, que tinha governado já com certa tolerância durante nove anos. Haveria mais nove perseguições gerais que continuariam, quase sem interrupção, durante três séculos. Leiamos o que diz o Espírito Emmanuel, no livro *Paulo e Estêvão*, Segunda Parte, capítulo X:

> [...] Em Roma, todavia, a situação prosseguia cada vez mais grave. Com a perversidade do [General Ofônio] Tigelino [?-69] à frente da Prefeitura dos Pretorianos [cargo da mais alta confiança de Nero], fazia aumentar o terror entre os discípulos

de Jesus. Faltava somente um edito em que os cidadãos romanos simpatizantes do Evangelho fossem condenados publicamente, porque os libertos, os descendentes de outros povos e os filhos da plebe já enchiam as prisões.³

Voltemos a nos situar no tempo. Estamos no **princípio do mês de maio de 64**. João Boanerges era um dos encarcerados dentre milhares. Por essa razão, Simão Pedro escreve a Paulo para que retorne da Espanha, na esperança de que o pai dos gentilíssimos pudesse intervir na soltura do filho de Zebedeu. E assim se fez: assim que retornou da Espanha (**depois de, no mínimo, um mês de viagem**), Saulo pede uma oitiva com a favorita de Nero – Popeia Sabina – e ela o liberta três dias depois de sua súplica (**já era o mês de junho**). Nesse mesmo mês, João voltou, às pressas, para Éfeso.⁴

Pois bem: o leitor lembra que pedimos, na nota explicativa n.º 2, para não esquecer que Timóteo havia partido da Espanha para a Ásia? Há uma razão considerável para isso, a saber: as chamadas *Cartas Pastorais* (dirigida a Tito e as duas a Timóteo), foram escritas por Paulo quando naquele país se encontrava.⁵

Voltemos à cronologia dos acontecimentos. No mês seguinte, mais precisamente ao entardecer do dia **16 de julho de 64**, Roma é queimada, a mando do próprio Nero. Depois de planejar esse nefasto atentado à Cidade Eterna, pretendia reconstruí-la e fazer do seu império o mais famoso da história e ter seu nome eternizado. A cidade queimou quase que totalmente durante seis dias e sete noites.⁶

Cornelius Tacitus, que não era de modo algum adepto ao Evangelho de Jesus, escreve, em sua obra *Anais*, Livro XV, capítulo XXXVIII, sobre a conduta ardilosa do filho de Agripina (Menor), da seguinte maneira:

> [...] Foi um fogo o mais horroroso e o mais devastador de todos quantos nos tempos passados se tinham visto em Roma. O incêndio começou na parte do [Grande] Circo [*Maximus*], que está contígua aos Montes Palatino e Célio; e dando nas lojas onde encontrou muitos materiais combustíveis, apareceu logo com tal violência, ajudado pelo vento, que tomou todo o espaço do Circo.⁷

E no capítulo XL, lê-se:

> [...] Com efeito, dos 14 bairros de Roma, só quatro se conservaram inteiros; três ficaram completamente arrasados; e sete apenas mostravam vestígios de edifícios abatidos, e meio devorados.

E mais adiante, no capítulo XLIV, está exarado:

> Mas nem todos os socorros humanos, nem as liberalidades do príncipe, nem as orações e os sacrifícios aos deuses podiam desvanecer o boato infamatório de que o incêndio não fora obra do acaso. Assim Nero, para desviar suspeitas, procurou achar culpados, e castigou com as penas mais horrorosas a certos homens que, já dantes odiados por seus crimes [quais?], o vulgo chamava *cristãos*.[8]

Resultado: muitos cristãos foram mortos. Não se sabe exatamente quantos sofreram por essa ocasião, mas é certo que foram milhares em que aplicaram todas as torturas que um ser humano engenhoso e cruel podia imaginar, para satisfazer os depravados gostos do monstruoso Nero. Diz Emmanuel, em *Paulo e Estêvão*, Segunda Parte, capítulo X:

> [...] O filho de Agripina e seus áulicos imediatos deliberaram que se oferecesse ao povo o primeiro espetáculo **no princípio de agosto de 64**, como positiva demonstração das providências oficiais contra os supostos autores do nefando atentado. As demais vítimas, isto é, todos os prisioneiros que chegassem ao cárcere, depois da festa inicial, serviriam de ornamento aos futuros regozijos, à medida que a cidade pudesse recompor-se com as novas construções em perspectiva. Para isso, determinara-se a reedificação imediata do Grande Circo [*Maximus*].
> [...] A primeira carnificina, destinada a distrair o ânimo popular, foi levada a efeito em jardins imensos, na parte que permanecera imune da destruição, por entre orgias indecorosas, de que participaram a plebe e a grande fração do patriciado que se entregara à dissolução e ao desregramento.
> [...] Os cristãos eram entregues ao povo para o castigo que ele julgasse mais justo. Para isso, com intervalos regulares, os jardins estavam cheios de cruzes, de postes, de açoites e numerosos instrumentos de flagelação. Havia guardas imperiais para auxiliar nas atividades punitivas. Em fogueiras preparadas, encontravam-se água e azeite fervente, bem como pontas de ferro em brasa, para os que desejassem aplicá-las.
> [...] A linguagem mais forte será pobre para traduzir as dores imensas da grei cristã naqueles dias angustiosos.

Tacitus, no capítulo XLIV de *Anais*, contribui com Emmanuel, dizendo:

> [...] Em primeiro lugar se prenderam os que confessavam ser cristãos, e depois pelas denúncias destes uma multidão inumerável, os quais todos não tanto foram convencidos de haverem tido parte no incêndio como de serem os inimigos do gênero humano. O suplício desses miseráveis foi ainda acompanhado de insultos, porque ou cobriram com peles de animais ferozes para serem devorados pelos cães, ou foram crucificados, ou os queimaram de noite para servirem como archotes e tochas ao público. Nero ofereceu os seus jardins para esse espetáculo, e ao mesmo tempo dava os jogos do [Grande] Circo [*Maximus*], confundido com o povo em trajes de cocheiro, ou guiando as carroças.[9]

Mais à frente, continua Emmanuel, em *Paulo e Estêvão*, Segunda Parte, capítulo X, sua narração:

> [...] Dois meses haviam decorrido após a festa hedionda, e o movimento das prisões aumentava dia a dia [**estamos, portanto, em outubro do ano 64**]. Esperavam-se grandes comemorações. Alguns edifícios nobres do Palatino, reconstruídos em linhas sóbrias e elegantes, reclamavam homenagens dos poderes públicos. As obras de reedificação do Grande Circo [*Maximus*] estavam adiantadíssimas.

Paulo de Tarso é preso em uma reunião cristã realizada em algum cemitério (não se sabe qual), e levado, com outros companheiros, mulheres e até crianças, à prisão Marmetina. Como Tigelino estava com poderes totais sobre o destino dos cristãos, o convertido de Damasco, depois de reivindicar sua condição de cidadão romano, pede a seu amigo Acácio Domício que viesse até ele, no intuito de solicitar uma oitiva com Nero. Depois dessa audiência com o imperador, é libertado, e ficou em uma prisão velada, tendo que dar prova de vida a cada três dias. Era vigiado pelo Prefeito dos Pretorianos e seus guardas, que aguardavam o momento certo para o pegarem e matarem-no.

Como se encontrava debilitado à conta do peso da idade, não conseguia mais comparecer às catacumbas para pregar. Segundo o Espírito Emmanuel:

> [...] Necessitando repousar e fortalecer o corpo debilitado, o velho pregador procurou dois generosos irmãos, que o receberam com imensa alegria. Trata-se de Lino e Cláudia [cf. At 4:21], dedicados servidores de Jesus. (*Paulo e Estêvão*, Segunda Parte, cap. X.)

Aproveitou o ensejo para valer-se:

> [...] Da colaboração afetuosa e dedicada de Lucas, no intuito de narrar as Epístolas que julgava necessárias. Nessas, inclui-se a **Segunda Carta a Timóteo**, aproveitando dois amigos que partiam para a Ásia. (Emmanuel, *Paulo e Estêvão*, Segunda Parte, cap. X.)

O Apóstolo da Gentilidade sabia que seus instantes finais de existência física estavam chegando. Nomeou Timóteo testamenteiro da sua última vontade. E, se antes ESPERAVA ver seu *discípulo amado* em breve (cf. 1 Tm 3:14), agora DESEJAVA vê-lo o mais depressa possível (cf. 2 Tm 1:4; 4:9).

Diz Paulo – àquele cuja fé sem hipocrisia habitava nele, a qual habitou primeiro sua avó Lóide e sua mãe Eunice (cf. 2 Tm 1:5) –, da seguinte maneira:

> [...] Eu já estou sendo oferecido por aspersão de sacrifício, e o tempo da minha partida está próximo. (2 Tm 4:6.)

Mais adiante, pede a Timóteo:

> Procura vir ter comigo depressa. (2 Tm 4:9.)

E não esquece do sobrinho de Barnabé:

> [...] Toma Marcos, e traze-o contigo, porque me é muito útil para o ministério. (2 Tm 4:11.)

Não houve tempo hábil para que as duas personagens supracitadas se encontrassem com o apóstolo tarsense.

Emmanuel, em *Paulo e Estêvão*, Segunda Parte, capítulo X, informa que:

> [...] decorridas algumas semanas após a [Segunda] Carta a Timóteo [portanto, no final de outubro ou já no início de novembro], um grupo armado visitou a residência de Lino, depois de meia-noite, **na véspera** das grandes festividades com que a administração pública desejava assinalar a reconstrução do Grande Circo [*Maximus*]. O dono da casa, a esposa e Paulo de Tarso foram presos, escapando Lucas pelo fato de pernoitar em outra parte. As três vítimas foram conduzidas a um cárcere do Monte Esquilino, dando provas de poderosa fé em face do martírio que começava.[10]

Perguntar-se-ia: **que ano foi esse**, o da véspera das grandes festividades com que a administração pública desejava assinalar a reconstrução do Grande *Circus Maximus*?

Mais à frente, ainda no capítulo X de *Paulo e Estêvão*, Emmanuel narra o instante derradeiro do ex-rabino tarsense:

> [...] O militar que chefiava a escolta [Volumnio] mandou parar o carro e, fazendo descer o prisioneiro, disse-lhe hesitante:
> – O Prefeito dos Pretorianos, por sentença de César, ordenou que fôsseis sacrificado **no dia imediato ao da morte dos cristãos votados às comemorações do Circo**, realizadas ontem. Deveis saber, portanto, que estais vivendo os últimos minutos.

Voltamos a perguntar: **que ano foi esse** em que o Apóstolo da Gentilidade fora decapitado UM DIA DEPOIS da reinauguração do *Circus Maximus*, pelo sequaz de Tigelino chamado Volumnio (?-†)?

Concluímos, através das preciosas e exclusivas informações obtidas na obra *Paulo e Estêvão*, que o desencarne de Paulo foi, no mínimo, **em novembro do ano 64**, e, se quisermos retardar um pouco mais a reconstrução do Grande *Circus Maximus* (sem nenhuma justificativa plausível para isso), sua decapitação ocorrera, no máximo, **no princípio do ano 65**.

Will Durant, em seu livro *Os Heróis da História*, capítulo XIV, diz que:

> [...] Paulo foi crucificado [segundo Emmanuel, "decapitado"] em Roma, provavelmente no mesmo ano 64 da morte de Pedro.

Sim, concordamos com a especulação do notável historiador. Outrossim, vejamos o que narra Monsenhor Eusebio Sintra, no livro *O Pescador de Almas*, capítulo XIV:

> Dois dias após a prisão dos cristãos nas catacumbas [o ano é 64], o suplício dos infelizes inicia-se com grande alarde. Primeiro, os algozes trataram de supliciar Pedro, e grande festa programou-se. Armou-se imenso e esplêndido palanque onde antigamente se erguia o *comitium*, e Nero, em pessoa, leu a condenação do apóstolo de Jesus à morte, por crucificação. [...] Pedro, manietado e seminu, e estrategicamente colocado no proscênio do palanque, a tudo assistia, guardado

por dois pretorianos armados de lanças. [...] Terminada a achincalhação pública de Pedro, arma-se sinistra procissão, à frente da qual o apóstolo foi colocado sobre um andor, dentro de pequena jaula em forma de gaiola, tudo adrede preparado, e carregado aos ombros por um grupo de pretorianos. A turba, enlouquecida e altamente furiosa e a gritar, em altos brados, terríveis xingamentos e impropérios de baixo calão, seguia o cortejo até o local escolhido para a crucificação. [...] ligeiramente atrás do andor. Nero seguia a procissão, satisfeitíssimo, guiando o próprio carro e se divertindo, sobejamente, com o estrondoso espetáculo que julgava dar ao povo. Depois de desfilarem, propositadamente, em ziguezague, por diversas ruas do centro da cidade, a bizarra procissão toma a **direção da Colina Vaticana, local adrede escolhido para a crucificação de Pedro.**[11]

O local em que Pedro fora crucificado chama-se Circo de Nero; hoje se encontra na cidade do Vaticano, nas proximidades da Basílica de São Pedro e tem o mesmo obelisco da época. Com 40 metros de altura, guarda um dos pedaços originais (será?) da cruz de Jesus, o Cristo, colocadas ali pelo Papa Sisto V (1521-1590).

Aproveitamos o azo para informar que na obra *O Crucificado* (Editora AGE, 2021), de nossa autoria, no capítulo V, narramos que Simão Pedro fora capturado em uma noite do ano 67. Pois bem: depois de uma pesquisa mais acurada, deduzimos que o ano em que Pedro foi capturado e crucificado é 64. Vimos por bem fazer essa corrigenda. Iremos solicitar, à Editora AGE (isenta de qualquer equívoco), que conserte a data supracitada quando imprimirem a segunda edição da obra retromencionada.

Mil graças, por vossa leitura.

Notas

1. Clemente I foi companheiro de trabalho de Paulo. Assim ele o cita: "E peço-te também a ti, meu verdadeiro companheiro, que ajudes essas mulheres que trabalharam comigo no Evangelho, e com Clemente [Romano], e com os meus outros cooperadores, cujos nomes estão no livro da vida" (Fp 4:3).
2. Pedimos ao leitor o obséquio de não esquecer a afirmação do guia espiritual de Francisco Cândido Xavier, quando diz que **Timóteo partiu da Espanha para a Ásia.** Ser-nos-á, um pouco mais à frente, muito útil essa informação.
3. As dez perseguições aos cristãos, narrá-la-emos de forma cronológica, e colocaremos em negrito, propositadamente, somente os desditosos imperadores que *insistiam* em

acabar com os seguidores de Jesus, o nazareno. Mas as tentativas foram inglórias, pois o Cordeiro de Deus é um ser historicamente identificável. E ainda que pese o esforço mitificador que tentou aprisionar a personalidade histórica do Crucificado, em um manancial fantasioso, os componentes básicos de Sua imagem resistem e persistem nos dois milênios passados, desde o momento em que se ouviu falar Dele, ainda que exista limitada evidência documental (cf. *O Crucificado*, Parte VI, Editora AGE). Posto isso, se o nome de Jesus não desapareceu da face da Terra e seu caráter não foi renegado, dividindo a Era da Humanidade em antes Dele e depois Dele, certamente a cronologia de todos os povos civilizados do globo terrestre não data do nascimento de um fantasma. E isso é o mais incompreensível de todos os fatos da história humana e o mais insondável mistério da Providência Divina.

Pois bem. **Nero** foi quem deu início à PRIMEIRA PERSEGUIÇÃO aos cristãos, cujas matanças dos mártires que seguiam e viviam o Evangelho do Cristo Jesus foram executadas de várias maneiras, conforme já escrevemos no texto genuíno. Conforme já prometido, narraremos, ainda neste texto, mais à frente, sobre a personalidade desse infeliz psicopata. Não obstante, algo de positivo e de suma importância se deu com a perseguição do filho de Agripina (Menor): conferiu ao Cristianismo (ainda não oficializado) o seu diploma de independência do Judaísmo, pois até o ano de 64 o Cristianismo primitivo e o Judaísmo eram considerados pelos poderes públicos como uma e a mesma religião. Entretanto, desde então, traçou-se uma nítida linha divisória entre a Torah e o Evangelho. E ainda que pese a Boa Nova de Jesus estar baseada nas revelações que Deus fez a Israel, já não se pode confundir com o mosaísmo, porquanto as alvíssaras do Filho do Homem têm o seu cunho e personalidade próprios.

A SEGUNDA PERSEGUIÇÃO geral aconteceu no governo de **Domiciano** (51-96), cujo mandato foi de 81 a 96. Depois de sua morte, as primeiras igrejas não sofreram a inditosa perseguição, porque assumira o Império Romano um homem de caráter brando e generoso – Nerva (30-98) –, que, a seu turno, restabeleceu todos que tinham sido expatriados pela perseguição de Domiciano. Atacado por uma febre incurável, infelizmente seu reinado durou apenas 16 meses.

A TERCEIRA PERSEGUIÇÃO veio através do sucessor de Nerva – **Trajano** (53-117). Governou entre 98 e 117. Ele deixou os cristãos tranquilos por algum tempo. Mas sendo levado a suspeitar deles, seu espírito orgulhoso acreditava que os seguidores Daquele enigmático judeu pregavam uma doutrina totalmente oposta à filosofia pagã dos seus tempos – ou seja, cheia de deuses que tinham características semelhantes aos Homens. Percebe-se claramente que era o Evangelho que Trajano odiava, e não seus adeptos. Resultado: determinou que se renovasse a perseguição. Sugerimos ao leitor o romance *A Moça da Ilha*, ditado pelo Espírito Tomás Antônio Gonzaga, através da médium Marilusa Moreira Vasconcellos, pois narra, de forma ímpar, esse período em que Trajano reinava, e o sofrimento dos que eram fervorosamente discípulos de Jesus. Inclusive, encontramos na obra supracitada a relação estreita entre o escritor Plínio, o moço (61-114), com o Imperador Romano. Aliás, não é novidade que o próprio literário relata sua afetividade por Trajano, na *Revista Espírita* de março de 1859, pergunta 9, que assim Allan Kardec a faz: "Defendestes, diante de Trajano, a causa dos cristãos perseguidos; foi por um simples motivo de humanidade ou por convicção da verdade de sua doutrina? Eu tinha os dois motivos; a humanidade não caminhava senão em segunda linha."

Trajano tinha um sobrinho chamado Adriano (76-138), que, inclusive, foi seu principal general – comandante da 2.ª Legião. Durante seu reinado, entre 117 e 138, ele diminuiu as perseguições aos adeptos do Crucificado, sendo menos severo para com eles. E, finalmente, no ano 138, quando Antônio Pio (86-161) subiu ao poder (entre 138 e 161), os cristãos ficaram, de alguma forma, aliviados dessa opressão. Durante esse tempo de 23 anos de reinado, a Palavra de Deus teve livre curso, e Cristo foi glorificado. Resultado: o Evangelho de Jesus rapidamente se espalhou por todas as províncias do Império Romano.

Contudo, não podemos negar que durante o governo de Antônio Pio um grande mártir deu sua vida em testemunho do Crucificado que tanto amava – Policarpo de Esmirna (69-155). Sobre esse homem, sugerimos a leitura da obra *O Crucificado*, Parte V (Editora AGE, 2021). Mas seu desencarne ocorreu na arena da própria cidade supracitada (onde ele era bispo), e sob a égide do seu governador. Portanto, embora houvesse o arrefecimento na perseguição aos cristãos, no reinado de Antônio Pio havia casos isolados em várias cidades que sequer chegavam ao seu conhecimento.

A QUARTA PERSEGUIÇÃO veio quando **Marco Aurélio** (121-180) subiu ao trono, entre 161 e 180, e já no segundo ano de seu reinado começou uma nova coação aos seguidores do Cristo Jesus. Embora fosse ele um grande filósofo, não se furtou de "lavar as mãos" para que fosse feito o que quisessem com os cristãos.

O livro *Cartas e Crônicas*, capítulo VI, do Espírito Irmão X (Humberto de Campos), pela mediunidade de Francisco Cândido Xavier, conta uma história surpreendente de que, aqui, narraremos somente alguns pequeninos trechos. Lê-se que "naquela noite, da época recuada de 177, o *concilium* de Lyon regurgitava de povo. [...] Um grito horrível nasceu da assembleia: – Cristãos às feras! Cristãos às feras! [...] Depois das gargalhadas gerais, Álcio [descendente do fundador da cidade] continuou, irônico: – Ouvi, porém, alguns companheiros, ainda hoje, e apresentaremos um plano que espero resulte certo. Poderíamos reunir, nesta noite, aproximadamente mil crianças e mulheres cristãs, guardando-as nos cárceres... E, amanhã, coroando as homenagens, ajuntá-las-emos na arena, molhada de resinas e devidamente cercada de farpas embebidas em óleo, deixando apenas passagem estreita para a liberação das mais fortes. Depois de mostradas festivamente em público, incendiaremos toda a área, deitando sobre elas os velhos cavalos que já não sirvam aos nossos jogos... Realmente, as chamas e as patas dos animais formarão muitos lances inéditos. [...] E erguendo ainda mais o tom de voz: – Levante a mão direita quem esteja disposto a cooperar. Centenas de circunstantes, incluindo mulheres robustas, mostraram destra ao alto, aplaudindo em delírio. [...] Durante a noite inteira, mais de mil pessoas, ávidas de crueldade, vasculharam residências humildes e, no dia subsequente, ao Sol vivo da tarde, largas filas de mulheres e criancinhas, em gritos e lágrimas, no fim de soberbo espetáculo, encontraram a morte, queimadas nas chamas alteadas ao sopro do vento, ou despedaçadas pelos cavalos em correria. Quase dezoito séculos passaram sobre o tenebroso acontecimento... Entretanto, a justiça da Lei, por meio da reencarnação, reaproximou todos os responsáveis, que, em diversas posições de idade física, se reuniram de novo para dolorosa expiação, a 17 de dezembro de 1961, na cidade brasileira de Niterói, em comovedora tragédia num circo." Há uma nota do autor espiritual, ao final do capítulo, que vale a pena retratar aqui: "Em Niterói, cidade do Rio de Janeiro, minutos antes de terminar o espetáculo do Grande Circo Norte-Americano, um incêndio tomou conta da lona. Em três minutos, o toldo, em chamas, caiu sobre os 2.500 espectadores. Esse fato transformou-se na maior tragédia ocorrida em circo no Brasil, com centenas de mortos e feridos." Eis, aí, a Lei de Causa e Efeito, que somente a reencarnação consegue explicar.

A famosa jovem escrava Blandina (162-177), de 15 anos de idade, de aparência fraca e franzina, foi uma das vítimas desse massacre em massa. Levada ao anfiteatro, penduraram-na em um lenho a fim de expô-la como alimento às feras. Entretanto, com suas fervorosas orações, ela alentava os companheiros. Nenhuma das feras a tocou, e ela foi levada de volta à masmorra. Resultado: depois de sofrer com exemplar paciência as mais extraordinárias torturas, disse: "Eu sou uma cristã e não há nada que me faça voltar atrás", durante as quais os próprios perseguidores se cansaram, foi finalmente morta à espada. Ganhou a coroa do martírio, e desencarnou dando glória a Deus. Encontramo-la na obra *Ave, Cristo!*, do Espírito Emmanuel, pela psicografia de Francisco Cândido Xavier. Esse Espírito, séculos depois, voltaria na personalidade de Irma Castro (1922-1946), cuja alcunha ficou conhecida no meio espírita como Meimei (que significa *amor puro* – nome escolhido pelo seu esposo, Arnaldo Rocha (1922-2012), quanto juntos assistiram a um filme). A Igreja Católica canonizou-a.

A QUINTA PERSEGUIÇÃO vem à baila quando **Septímio Severo** (145-211) torna-se Imperador Romano, governando entre 193 e 211. Embora no início de seu governo parecesse estar disposto favoravelmente aos cristãos, já que foi curado de uma grave doença pelos cuidados de um adepto do Cordeiro de Deus, fez prevalecer a fúria da multidão a partir do ano 202. Ele era africano por nascimento, mas foi odiado por sua perfídia e crueldade, já que mandou matar seus compatriotas. Nem os apelos do neoplatônico africano, nascido em Cartago, Tertuliano (150-222), foi capaz de parar a torrente de fúria popular sobre os seguidores de Jesus. Sugerimos ao leitor o livro *Horizonte Vermelho*, do Espírito Sophie, pela psicografia da médium Elizabeth Pereira, cujo romance descreve a época em que Severo governava. A obra supracitada tocará o coração de quem a ler, pois a narrativa é por demais leve, e, ao mesmo tempo, profunda e cheia de detalhes.

A SEXTA PERSEGUIÇÃO geral começou quando **Maximino I** (172-238) assumiu o poder do Império Romano, entre 235 e 238. Ele nasceu na Trácia – região a Nordeste da Grécia. No caso desse rei, o que incitou sua fustigação aos cristãos foi uma transferência psicológica, fruto de conflitos dentro de si, devido ao reinado pacífico de seu antecessor – Alexandre Severo (208-235) –, que governou entre 222 e 235. Maximino I odiava Alexandre Severo. Entretanto, não foi porque esse último tenha sido tão humano e bondoso para com os partidários de Jesus, que o traciano resolveu mandar exterminá-los. Não. Sua fúria foi exteriorizada para preencher seu vazio existencial (seu ego dominador), demonstrando que era capaz de fazer o contrário do anterior governante do Império Romano.

A SÉTIMA PERSEGUIÇÃO surgiu com **Décio** (201-251), que governou de 249 até 251. De certa forma, foi ocasionada pelo aborrecimento que tinha contra o seu antecessor, o Imperador Romano Filipe (204-249), que era considerado cristão, e em parte pelo ciúme que tinha do crescimento do Cristianismo, pois, nesse período os templos pagãos estavam desertos e as igrejas cristãs estavam cheias. Nessa época, os cristãos estavam divididos entre si, e os interesses próprios separavam aqueles que deveriam estar unidos pela Lei de Amor. O orgulho entrou como um vírus, dando lugar a várias seitas cristãs. Os pagãos ambicionavam colocar em ação os editos imperiais por toda parte, e consideravam o assassinato dos cristãos como um mérito para si mesmos. Foram inúmeros mártires nesse período. Fabiano (200-250), bispo de Roma, que antes fora tesoureiro do imperador Felipe, como vingança, foi decapitado. Décio, em seus vários editos, um deles convoca os cristãos a comparecerem perante os magistrados, e aqueles que se recusavam a renunciar a sua fé nos ensinamentos do Crucificado, eram lançados em prisões e sujeitos às mais horrorosas torturas, assemelhando-se à crueldade de Nero. O filósofo e Pai da Igreja Orígenes (185-254) foi fiel até o fim.

A OITAVA PERSEGUIÇÃO veio por **Valeriano** (199-260), que reinou entre 253 e 260. Adepto da magia oriental, não tolerava os cristãos e começou a persegui-los no ano 257. As torturas foram as mais variadas e penosas, sem respeitar sexo e idade. Esse tirano foi feito prisioneiro do Imperador Persa Sapor (?-270), durante a Batalha de Edessa (em 259). Capturou-o e o levou a seu próprio país, tratando-o com a mais inusitada indignidade, fazendo-o ajoelhar-se como o mais humilde escravo e colocando seus pés sobre ele a modo de banquinho quando montava em seu cavalo. Sapor ordenou que o esfolassem vivo e que lhe esfregassem sal na carne. Veio a morrer com essas torturas.

A NONA PERSEGUIÇÃO se deu por meio de **Aureliano** (214-275), que comandou o Império Romano entre 270 e 275. Malgrado, sua intenção de matar os seguidores de Jesus durou apenas alguns meses. Sob suas ordens, cristãos eram decapitados e torturados. Seu reinado foi breve, pois foi assassinado em Bizâncio por seus próprios criados.

A DÉCIMA PERSEGUIÇÃO foi a última dos descalabros cometidos pelos imperadores romanos. Depois de um interregno de 28 anos, tornou a mesquinha mão de ferro a estender-se para continuar a perseguição aos cristãos. O nome do Imperador Romano era **Diocleciano** (245-312), e seu mandato foi de 284 até 305. Esse tirano, soberbo e selvagem governava de Nicomédia (situada na Turquia) – a nova capital do Império Romano.

Diocleciano já ocupava o trono havia 19 anos. A partir daí, associou ao seu governo três opressores: Constâncio Cloro (250-306), pai de Constantino, o Grande (272-337); Maximiano (250-310); e Galério (258-311), genro de Diocleciano, que odiava os cristãos, pois era estimulado por sua mãe, uma fanática pagã. Galério estimulou o imperador até que lograsse êxito, dando início à perseguição. Sendo assim, tornou-se algoz dos cristãos no dia 23 de fevereiro de 303. Para tanto, quatro editos foram publicados: I) ordenou a destruição de todos os templos cristãos (catacumbas construídas ao longo de várias estradas romanas, podendo-se nelas encontrar, ainda hoje, os registros históricos que contêm a prova e a confirmação da vida admirável que levavam os seguidores do Filho do Calvário nos primeiros séculos) –, e a queimação dos livros sagrados; II) determinou que todos os cristãos fossem presos; III) declarou que nenhum seguidor do Crucificado fosse solto, salvo os que consentissem em oferecer sacrifícios; IV) mandou que todos os sectários de Jesus voltassem a adorar deuses, sob pena de morte em caso de recusa.

Os cristãos eram levados presos, e uma vez encarcerados Galério ordenou, de forma escamoteada, que o palácio imperial fosse queimado para que os cristãos fossem acusados de incendiários, dando assim razão para levar a cabo a perseguição com a maior das severidades, dando início a um sacrifício geral, que ocasionou muitos mártires. Para se ter uma ideia, uma cidade na Frígia totalmente povoada por cristãos pereceu nas chamas. De leste a oeste da Nicomédia, as perseguições tornaram-se violentas e furiosas. A única província romana que escapou a essa nefasta tempestade foi a Gália.

Apesar de o Imperador Diocleciano ter sido sucedido por Constâncio Cloro e Galério, em 305, quando abdicou de seu cargo, as perseguições continuaram até o ano 311. A partir daí, deu-se início a uma divisão do Império Romano – governado por uma tetrarquia, conhecida como a Cisma ocidental/oriental, gerando inúmeras guerras civis (que não narraremos aqui, pois ficaria uma nota muito mais extensa do que já está), até que Constantino I (o Grande), derrotando Maxêncio (278-312), filho de Maximiano, tornou-se o ÚNICO Imperador Romano (cf. nota n.º 17, do texto 4).

4. Não pensais, leitor, que Popeia Sabina, pela atitude tomada em libertar João do cárcere, tenha sido ela uma mulher adepta aos ensinamentos do Cristo Jesus. Não. Ela comungava dos mesmos pensamentos de Nero, e, juntos, sorriam falsamente dos poucos homens nobres que havia em Roma. Cochichava, nas festas realizadas no *Circus Maximus*, aos ouvidos de seu marido, sarcasticamente, como cúmplice dos planos nefastos daquele depravado homem, cujas loucuras a própria razão nega-se a explicar.

5. Hermínio Corrêa Miranda, em sua obra *As Marcas do Cristo*, Volume I, no capítulo VI – *As Epístolas* –, traz um conteúdo riquíssimo de outros egrégios filósofos, pesquisadores, historiadores, teólogos, filólogos e escritores – Ernest Renan (1823-1892), Johannes Weiss (1863-1914), Albert Schweitzer (1875-1965), Daniel Rops (1901-1965), William James Durant (1985-1981) –, demonstrando como cada qual enxerga a AUTENTICIDADE das Epístolas Paulinas.

Não iremos colocar aqui nenhuma parte do texto *As Epístolas*, pois além de ser relativamente extenso ficaria um tanto enfadonho ao leitor. Entretanto, nesse estudo feito pelo eminente pesquisador e escriba espírita, conclui-se que, salvo os compiladores da Bíblia de Jerusalém, todos exegetas retromencionados rejeitam as Cartas Pastorais como oriundas de Paulo, e, sobre os anos em que foram escritas, sequer os cita. E o nobre escritor brasileiro traz sua opinião quanto aos anos em que a Primeira Carta a Timóteo e a Carta a Tito foram exaradas? Não; ele se atém a dizer que foram escritas nos tempos finais do apóstolo tarsense, enquanto encarnado. O autor espiritual Emmanuel, em *Paulo e Estêvão*, nada comenta sobre as duas "Cartas" direcionadas aos seus dois grandes e jovens amigos.

Nós, porém, temos uma opinião formada, e uníssona com a Comissão Bíblica de 12 de junho de 1913. Antes de expô-la, é-nos útil informar que embora a Carta a Tito apareça na Bíblia depois das duas Cartas a Timóteo, a ordem cronológica dessas "Epístolas" é diferente – ou seja, a Carta a Tito foi exarada primeiro. Vamos à nossa especulação: acreditamos que a missiva dirigida a Tito tenha sido escrita quando Paulo esteve viajando para a Espanha, **no ano 63**.

Aproveitaremos o ensejo, para dissertar um pouco sobre a curta Epístola a Tito. Este discípulo de Paulo, já citado neste livro, era muito admirável, de sorte que o Apóstolo da Gentilidade lhe confiara (lhe deixara) a chefia espiritual da extensa ilha de Creta (cf. Tt 1:5) – situada entre a Grécia e o Egito, e conhecida como a *Ilha das cem cidades*.

Em seguida, previne-o contra certos judeus-cristãos que se autodenominavam *apóstolos*, mas porque eram gananciosos, fazendo da religião um negócio e do santuário uma casa de mercado (cf. Tt 1:9-11). Uma triste nova: os tempos são outros, mas os equívocos continuam os mesmos dentro das mais variadas religiões.

Paulo lhe pede, como um ancião, um bondoso pai espiritual rico de sábios conselhos e diretrizes: "Tu [Tito], porém, fala o que convém à sã doutrina" (Tt 2:1). E hoje? Pregamos o que nos convém (fruto de nosso ego avassalador) ou o que ensinam as alvíssaras do Crucificado? Bem disse o Espírito Vianna de Carvalho, no livro *Espiritismo e Vida*, capítulo XXX: "Em muitos que permanecem na irresponsabilidade do comportamento e na falta de coragem para arrostar as consequências da sua conversão ao Espiritismo, permanecendo na dubiedade, nas incertezas que procuram não esclarecer, receando os impositivos da fidelidade pessoal à doutrina, instalam-se as justificativas infantis para prosseguirem sem alteração, esperando que os Espíritos realizem as tarefas que lhes dizem respeito."

Mais à frente, o apóstolo intimorato convida Tito a vir ter com ele em Nicópolis, pois havia deliberado passar o inverno ali (cf. Tt 3:12). Desejo, este, que não vingou, segundo o Espírito Emmanuel, na obra *Paulo e Estêvão*.

Aqui vai uma observação digna de menção: no livro *Paulo e Estêvão*, Primeira Parte, capítulo III, Emmanuel traz uma nota informando que a cidade de Nicópolis (citada três vezes em seu monumental romance) é aquela pertencente à região da Dácia, fundada pelo Imperador Romano Trajano. Ora, este imperador governou de 98 a 117, período em que os acontecimentos narrados pelo autor espiritual ocorrem, no mínimo, 45 anos – ou seja, a cidade de Nicópolis da Dácia nem havia sido instituída.

Será que Emmanuel não quis se referir a Nicópolis, cujo nome significa *cidade da vitória* ou *cidade vitoriosa*, localizada na região montanhosa da Acarnânia, fundada pelo imperador Octávio Augusto (63 a.c.-14) após sua vitória sobre Marco Antônio (83-30 a.C.), no local onde ele havia acampado antes da Batalha de Áccio, ocorrida em 31 a.C.? Se assim não o for, a Nicópolis citada pelo Apóstolo dos Gentios (cf. Tt 3:12) ainda não havia sido edificada, e, com efeito, poder-se-ia dizer que foi um copista que escreveu, bem mais tarde, a Carta a Tito – o que não comungamos, pois para nós Paulo é o autor (cf. Tt 1-4). João Crisóstomo (347-407), Bispo de Constantinopla, em seu livro *Comentários às Cartas de São Paulo*, volume 3, tem a mesma opinião (cf. Primeira Homilia).

Quanto à Primeira Carta a Timóteo, também cremos que **o ano foi 63**, ou, no máximo, **até o mês de abril do ano 64**, porque: I) Simão Pedro resolveu escrever para Paulo, que estava em viagem para o extremo Ocidente; II) o *discípulo amado* de Paulo já tinha saído da Espanha e ido para a Ásia (cf. nota n.º 2).

Da mesma maneira, aproveitaremos a ocasião e faremos uma digressão sobre a Primeira Epístola a Timóteo. Este seu "verdadeiro filho na fé" (1 Tm 1:2), em Éfeso, lutava contra o vício tradicional dessa cidade – o falso misticismo (cf. 1 Tm 1:3-4). Não confundir o Homem *místico* com Homem *mistificador*. Ora, Paulo, quando falava do Cristo, era sob a óptica gnóstica, e não daquele Jesus histórico, filho de José e Maria de Nazaré. No entanto, o ex-discípulo de Rabban Gamaliel I, diferente da "elite dos intelectuais gnósticos" de Éfeso, que desejavam passarem-se por espiritualistas, **jamais fugiu de se ferir nas agudas arestas da cruz do Gólgota**, pois sabia que havia sido chamado "pela vontade de Deus" (1 Co 1:1), e "separado para o evangelho de Deus" (Rm 1:1). Tinha consciência de que desempenhava um encargo espiritual, não como convidado, mas como convocado "segundo o mandado [por ordem] de Deus" (1 Tm 1:1). Sempre prosseguiu para o alvo (cf. Fp 3:14) – ou seja, para a união divina do discípulo sincero com o Mestre.

Ademais, em todos os seus escritos ele acrescenta o título de *apóstolo*, prevenindo, quem o leria, que seu anúncio não é obra humana. Em verdade, educado em um dos maiores centros culturais do helenismo – a cidade de Tarso –, Paulo era mais crístico que helenista, porque para ele só existia uma verdade suprema, eterna e infinita: o Cristo – ou seja, o Homem ideal em que habita toda a plenitude da Divindade. Somente assim a criatura humana desperta para "o amor de um coração puro, e de uma boa consciência, e de uma fé não fingida" (1 Tm 1:5), "porque para isso trabalhamos e somos injuriados, pois esperamos no Deus vivo, que é o Salvador de todos os homens, principalmente dos fiéis" (1 Tm 4:10).

Colocaremos passagens de algumas Epístolas Paulinas, dos Atos dos Apóstolos, e até mesmo da Revelação Espírita, no intuito de mostrar que o pensamento do Apóstolo da Gentilidade era monista – isto é, "Deus está em tudo" e não "Deus é tudo". Vejamo-las: "Porque nele vivemos, e nos movemos, e existimos" (At 17:28). "Mas faço-vos saber, irmãos, que o evangelho que por mim foi anunciado não é segundo os homens. Porque não o recebi, nem aprendi de homem algum, mas pela revelação de Jesus Cristo" (Gl 1:11-12). "Já estou crucificado com Cristo; e vivo, não mais eu, mas Cristo vive em mim" (Gl 2:20). "Cristo é o poder de Deus, sabedoria de Deus" (1 Co 1:24). "Vós tendes a mente de Cristo" (1 Co 2:16). "Não sabeis vós que sois o templo de Deus e que o Espírito de Deus habita em vós?" (1 Co 3:16). "Porque é santo o templo de Deus, que vós sois" (1 Cor 3:17). "Não sabeis que vossos corpos são membros de Cristo?" (1 Co 6:15). "E, se Cristo não ressuscitou, logo é vã a nossa pregação, e também é vã a vossa fé" (1 Co 15:14). "Se alguém está em Cristo, nova criatura é" (2 Co 5:17). "Mas quem não possui o espírito do Cristo, esse não é dele" (Ro 8:9). "Que sejais corroborados em virtude, segundo o homem interior pelo Espírito, e que Cristo habite pela fé nos vossos corações" (Ef 3:16-17). "Um só Deus e Pai de todos, o qual é sobre todos, e por todos e em todos vós" (Ef 4:6). "Acorda, tu que dormes, levanta-te de entre os mortos, e Cristo te iluminará" (Ef 5:14). "O segredo de todo mistério cristão é o seguinte: Cristo dentro de vós, a esperança e glória" (Cl 1:27). "Porque nele [Cristo] habita corporalmente toda a plenitude da divindade" (Cl 2:9). "Posso todas as coisas em Cristo que me fortalece" (Fp 4:13). "Jesus Cristo é o mesmo, ontem, e hoje, e eternamente" (Hb 13:8). "Gravitar para a unidade divina, eis o fim da Humanidade" (Paulo, *O Livro dos Espíritos*, perg. 1009).

Paulo esperava ver Timóteo bem depressa (cf. 1 Tm 3:14), **o que não aconteceu** (o leitor saberá, quando voltar ao texto genuíno, o porquê). Nessa sua missiva, como jamais fizera, preocupa-se sobremaneira com seu *discípulo amado*, que escreve a ele assim, sobre sua saúde física: "Não bebas mais água só, mas usa de um pouco de vinho, por causa do teu estômago e das tuas frequentes enfermidades" (1 Tm 5:23).

E no último capítulo, encerra com uma lição notória de desapego às coisas materiais. "Porque nada trouxemos para este mundo, e manifesto é que nada podemos levar dele" (1 Tm 6:7). Que ensinamento!

6. Cornelius Tacitus (55-120), o mais famoso historiador romano, estava encarnado nesse ano. Portanto, fonte mais que fidedigna. Em seu livro *Anais*, Livro XV, capítulo XLI, diz que "houve quem notasse que o incêndio principiara aos quatorze das calendas de agosto." Essa data equivale ao dia 19 de julho. No entanto, preferimos ficar com o dia 16 de julho, que Emmanuel assevera na obra *Paulo e Estêvão*, Segunda Parte, capítulo X, porque acreditamos que as informações do autor espiritual têm fontes que o maior pesquisador não possui. Ademais, já dissemos, no Exórdio deste livro, que *Paulo e Estêvão* seria a literatura que tomaríamos como base para a realização de nossa pesquisa.

Um pouco antes, no capítulo XXXIX, Tacitus assevera que "neste mesmo tempo [o incêndio] Nero se conservava em Ântio [ao sul de Óstia], e não voltou a Roma senão quando o fogo já se ia aproximando do edifício que ele havia feito construir para unir o palácio [imperial] com os jardins de Mecenas. Mas não se pôde apagar. (...) Contudo, se espalhou um boato de que Nero, no momento em que Roma estava ardendo, fora ao teatro que tinha em sua casa, e nele cantara a destruição de Troia, comparando as desgraças antigas com a calamidade presente."

Emmanuel também afirma que "o Imperador estava em Anzio (*Antium*) quando irrompeu a fogueira por ele mesmo idealizada, pois a verdade é que, desejoso de edificar uma cidade nova com os imensos recursos financeiros que chegavam das províncias tributárias, projetara o incêndio famoso, assim vencendo a oposição do povo, que não desejava a transferência dos santuários" (*Paulo e Estêvão*, cap. X, Segunda Parte).

O Espírito Monsenhor Eusebio Sintra, pela psicografia do médium Valter Turini, no livro *O Pescador de Almas*, assevera que Nero, "do alto do [Monte] Palatino, em seu palácio e em total segurança, assistia ao espetáculo [incêndio de Roma]." O interessante é que Eusebio esclarece, mais à frente, que "o palácio imperial localizava-se no Monte Palatino; primeiramente, Nero remodelou-o, aumentando-lhe o tamanho, do Palatino até o Esquilino". Nota-se, portanto, que Nero pôde, perfeitamente, ter assistido ao incêndio da Torre de Mecenas, localizada no Monte Esquilino – local que fazia parte de seu palácio imperial, uma vez que o havia estendido desde o Monte Palatino.

O historiador Caio Suetónio Tranquilo (69-141), em *A Vida dos 12 Césares*, diz que Nero "contemplava este incêndio do alto da Torre de Mecenas [no Monte Esquilino], extasiado com a 'beleza do fogo', e cantou, vestido com a sua roupagem de teatro, a 'Ruína de Ílion'."

Com uma população de aproximadamente 1.000.000 de pessoas, estima-se que um terço dela tenha desencarnado na odiosa tragédia.

7. Roma também era conhecida por suas sete colinas (montes) magistrais – Palatino (onde foram construídas as primeiras habitações. Os Imperadores Romanos aí residiam), Aventino, Campidoglio, Quirinale, Viminale, Esquilino e Célio.

O *Circus Maximus* era o local em que se realizavam espetáculos públicos com gladiadores, feras e outros divertimentos à turba multa desequilibrada e hematófila. Não se trata do Coliseu (ou Anfiteatro Flávio), outro circo romano, que iniciou sua construção, no ano 69, pelo imperador Vespasiano (9-79), e seu filho Tito terminou-o no ano 80. Esse novo circo era de proporções bem maiores que o antigo e cujas ruínas persistem até os dias de hoje, na cidade de Roma.

8. Foi a primeira vez que saiu da pena de um historiador gentio (Tácito), o adorável nome daqueles que seguiam o Cristo, chamado Jesus.

9. Deixamos, propositadamente, para narrar uma resumida biografia do tão citado Nero Cláudio César Augusto Germânico ao final desta obra. Comecemos. Ele era filho de Agripina Menor (15-59) – sobrinha (consorte) do Imperador Romano Tibério Cláudio César Augusto Germânico (10-54) –, com o Cônsul Romano Cneu Domício Enobarbo (2 a.C.-41).

Foi adotado por Cláudio quando tinha 12 anos de idade – isto é, em 25 de fevereiro do ano 50 –, e confiado aos cuidados do filósofo (estoico) espanhol Aneu Sêneca, já no cargo de Pretor dentro do senado romano.

No ano 54, Nero vestiu a *Toga-Virilis*, outorgada a todo rapaz romano que atingia os 17 anos de idade, iniciando a vida adulta. Com essa idade tornou-se Pretor. Desde então, torcia contra a saúde do Imperador Cláudio, que, como já é sabido, desencarnou em 13 de outubro de 55. Resultado: Nero apresentou-se à frente dos guardas e, com efeito, foi saudado como Imperador Romano diante das escadarias do palácio. Discursou apressadamente aos soldados, e somente recusou o título de *Pai da Pátria* em razão de sua idade, entregando à sua mãe a administração de todos os negócios públicos e privados.

Passeava com Agripina em público, na sua liteira, para demonstrar que ela era a "melhor das mães", e na ânsia de levar a ideia mais nítida do seu caráter (somente aparente), não perdeu nenhuma oportunidade de demonstrar sua liberalidade, sua clemência e até sua amabilidade. Distribuiu ao povo a quantidade de 400 moedas de prata (sestércios) por pessoa, além de ter estabelecido para os senadores mais nobres, porém sem fortuna, um salário anual de até 100 mil sestércios para alguns deles. Distribuiu, anualmente, uma ração de trigo às cortes pretorianas. Declamava, repetidamente, em público. Admitiu que o povo transitasse e até trabalhasse tranquilamente no Campo de Marte (bairro de Roma frequentado somente pelos mais abastados). Por adorar jogos, ofereceu inúmeros espetáculos no circo – jogos de juventude, jogos cênicos, duelo entre gladiadores, etc. A semelhança de tais atitudes de Nero com a maioria dos governantes do planeta Terra, com raríssimas exceções, quando ainda não subiram, NÃO é mera coincidência.

Em menos de um ano mandou construir um anfiteatro de madeira, que, a seu turno, ficou pronto no ano 58. Inaugurou-o com duelos de gladiadores. No entanto, não mandou matar ninguém, nem sequer os criminosos. Mas exibiu ao povo o combate de 400 senadores e 600 cavaleiros romanos. E assistia a tudo isso deitado de bruços, através de pequenas aberturas ou, então, no meio do anfiteatro inteiramente aberto. Impressionante sua psicopatia!

Inaugurou os Jogos Quinquenais (conhecidos como Jogos Neronianos), no ano 60, à semelhança dos gregos. Construiu para si, em 60, termas e um ginásio, dando lugares de honra aos senadores e cavaleiros romanos.

Mesmo como imperador, Nero exerceu o consulado quatro vezes – em 55, 57, 58 e 60. Pagava muito bem aos juízes e creditava a eles todas as decisões imperiais.

Nero jamais desejou expandir o Império Romano, e chegou inclusive a pensar em tirar o exército romano que se encontrava na Bretanha. Para fora da Itália, viajou apenas para Alexandria e para a Acaia (em 60).

Ele tinha um leve pendor para a pintura e pela escultura. Mas o que ele realmente gostava era de poesias e de música. Aprendeu a tocar cítara – instrumento de corda –, estreando seu próprio *show* em Nápoles, no ano 64. Enquanto cantava, seus próprios poemas, não se permitia a ninguém sair do teatro, mesmo em caso de necessidade. Seu desejo em sempre ser visto (notado) era singular. E nos concursos de música de que participava, proclamava-se ele próprio vencedor.

Como verdadeiro libertino cruel, várias noites colocava algum boné ou capuz e saía a percorrer, sozinho, as tavernas, vagabundear pelas ruas para brincar. Mas não com brinquedo inofensivo. Surrava as pessoas voltando de algum encontro social, e, se resistiam, as feria e as afogava nos esgotos. Era ao mesmo tempo assaltante e cleptomaníaco, pois arrombava as portas dos mercados e roubava o que lhe interessava.

Nero prostituiu seu pudor, não por ter sido um bissexual, mas pelo fato de ter cometido o incesto com sua mãe, enquanto passeava com ela na liteira. Narra o historiador romano Cornelius Tacitus, no Livro XIV, capítulo II, que "quando Nero estava escandecido [inflamado, cheio] com as iguarias e com o vinho, por muitas vezes [Agripina] se apresentava diante do filho ébrio ricamente ataviada [enfeitada, adornada, aformoseada], e já disposta para o incesto. Que presenciando também já os circunstantes os ósculos lascivos, correra Sêneca a impedi-la. [...] Ela mesma [Agripina] o divulgava." As fantasias sexuais de Nero eram inacreditáveis. Obsceno ao extremo. Chegou inclusive a se casar com seu liberto Dorífero, que, por sua vez, opôs-se ao casamento de Nero com Popeia Sabina, em 58. Resultado? Mandou envenenar seu liberto.

Foi um gastador à semelhança de Calígula, que, por sinal, admirava-o por isso. Nero jamais usou a mesma roupa duas vezes. Pescava com anzol de ouro, cuja linha era trançada de púrpura escarlate. E muito mais...

Infelizmente, tornou-se um parricida porque matou sua mãe, em 59, depois de planejar o crime detalhadamente, já que havia tentado antes, de forma infrutífera e de várias maneiras, ceifar a vida material de sua genitora. Ela o perseguia depois de desencarnada, e Nero sofreu uma nefasta influência espiritual. Crê-se também que mandou assassinar o próprio pai adotivo (o Imperador Romano Cláudio). E se não foi ele o mandante, pelo menos o cúmplice e não dissimulava, pois falava abertamente que pagou muito bem para envenená-lo.

Mandou envenenar Tibério Cláudio César Britânico (41-55) – filho do Imperador Romano Cláudio com Valéria Messalina.

Matou sua primeira esposa, Cláudia Otávia (40-62) – a irmã de César Britânico, também filha do Imperador Cláudio com Valéria Messalina.

Matou sua segunda esposa, Popeia Sabina, com um pontapé quando grávida, "somente porque a imperatriz o admoestara por ter chegado tarde de uma rinha de galos!" (Monsenhor Eusebio Sintra, *O Pescador de Almas*, cap. XIII). Que motivo tão banal! Existiria monstro maior que aquele? Já havia tido uma filha com ela, no ano de 63, que se chamava Cláudia Augusta. A menina, porém, desencarnou com quatro meses de vida. Matou também o filho de Popeia – Rúfio Crispino (?-66) – adquirido em casamento anterior, afogando-o no mar, por ocasião de uma pescaria.

Obrigou seu preceptor, Sêneca, a suicidar-se.

Matou Cláudia Antônia (30-66) – filha do Imperador Romano Cláudio com sua segunda esposa, Élia Pecina (8-†), a quem, depois da morte de Popeia, recusara desposar.

Mandou incendiar Roma, dia 16 de julho de 64, conforme já narramos no texto genuíno.

Em 66, houve uma peste que em um único outono levou 30 mil romanos a óbito. Mas Nero livrou-se desse mal.

Depois de ter levado Roma à falência em todos os sentidos, veio a conjura dos senadores e de quase toda a população. A partir daí, Nero matou sem escolha e medida, sob qualquer pretexto.

Certo dia, ao acordar, viu-se abandonado por sua guarda militar. Saltou da cama, então, e mandou procurar os amigos. E como não obtivesse deles a menor resposta, foi em pessoa, com uma pequena comitiva, à casa de um deles. Mas as portas estavam fechadas. Rapidamente, mandou à procura do gladiador Espículo, a quem havia beneficiado muito, dando-lhe fortunas e terras, no intuito de que pudesse o gladiador feri-lo de morte. Como não o achou, lamentou: "Não tenho mais amigos nem inimigos". Ato contínuo, correu para se jogar no Rio Tibre, mas desistiu do intento.

Fugiu da cidade com três "amigos" que ainda lhes eram fiéis – Esporo, Faonte e Epafródito (seu secretário pessoal). Suicidou-se em um esconderijo, enterrando o punhal na garganta com a ajuda de Epafródito. Desencarnou aos 31 anos, 5 meses e 4 dias de vida.

10. Salientamos que Paulo foi colocado em uma solitária úmida, sem qualquer entrada de luz. É o mesmo e muito famoso cárcere em que Policarpo de Esmirna fora preso (cf. Emmanuel, *50 Anos Depois*, cap. IV).

Lá vem Ele luminoso

Lá vem Ele luminoso,
Passo sereno, olhar terno.

Lá vem Ele luminoso,
Esse amigo prazeroso,
Que nos fala das bem-aventuranças,
Palavras que nos preenchem de esperanças,
Prometendo-nos, à Humanidade,
O início da fraternidade,
Num caminhar sem fim.

Lá vem Ele luminoso,
Mostrando-nos que a vida é eterno recomeço,
Que o amor está na lida,
E a liberdade não tem preço.

Sê conosco, Jesus!
Dá-nos a oportunidade de murmurarmos tua voz.
E em cada prece, guardar a certeza
De que estais diante de nós.

Sê conosco, pois a verdadeira vida
Começa no caminho em que Te encontramos.
Pois bem dissestes, e João registrou, que Tu és a videira
E nós os ramos.

Hoje, ainda, somos todos nós
As ovelhas transviadas do aprisco
Procurando nos guiar seguros
Através de Ti, nobre Pastor: Jesus, o Cristo.

Epílogo

Pedimos vênia ao leitor para expor um quadro sinótico das Cartas Paulinas, na ordem cronológica em que foram redigidas, segundo nossa acurada busca.

Pois bem:

I) A Primeira e a Segunda Epístolas aos Tessalonicenses foram escritas em Corinto, durante a segunda viagem apostólica de Paulo, entre os anos 51 e 52.

II) A Epístola aos Gálatas e a Primeira Epístola aos Coríntios foram escritas em Éfeso, por ocasião da terceira viagem apostólica de Paulo, entre os anos 53 e 55.

III) A Segunda Epístola aos Coríntios foi escrita em Filipos, ainda durante sua terceira viagem apostólica, entre os anos 56 e meados de 57.

IV) A Epístola aos Romanos foi escrita em Corinto, também durante sua terceira viagem apostólica, entre o inverno de 57 e o início de 58.

V) A Carta aos Efésios, a Carta aos Colossenses, a Carta a Filémon, a Carta aos Filipenses e a Carta aos Hebreus foram elas exaradas em Roma, enquanto Paulo esteve preso (de 61 a 63) em uma casa que alugou na Cidade das Sete Colinas, ainda que pese estar sob vigia constante de um guarda à porta de sua choupana.

VI) A Carta a Tito e a Primeira Carta a Timóteo deram-se durante sua viagem à Espanha, no ano 63.

VII) A Segunda Carta a Timóteo foi a última de suas missivas. Paulo escreveu-a, entre outubro e novembro do ano 64, na casa de um casal amigo, Lino e Cláudia, que lhe deram hospedagem depois da oitiva que o ex-rabino havia tido com o Imperador Romano Nero, naquele mesmo ano.

Referências

ALMEIDA, João Ferreira de Almeida. *Bíblia Sagrada Almeida Corrigida Fiel*. 1.ed. Belenzinho (SP): Sociedade Bíblica Trinitariana do Brasil, 1994.

ÂNGELIS, Joanna de (Divaldo Pereira Franco). *Jesus, à Luz da Psicologia Profunda*. 2.ed. Salvador: Livraria Espírita Alvorada, 2000.

ARMSTRONG, Karen. *Jerusalém, a Cidade, Três Religiões*. 1.ed. São Paulo: Editora Schwarcz Ltda, 1996.

CALDWELL, Taylor. *O Grande Amigo de Deus*. 31.ed. Rio de Janeiro: Editora Record, 2014.

CARVALHO, Vianna de (Divaldo Pereira Franco). *Espiritismo e Vida*. 1.ed. Salvador: Livraria Espírita Alvorada, 2009.

CRISÓSTOMO, João. *Comentários às Cartas de São Paulo*, volume III. 1.ed. São Paulo: Editora Paulus, 1988.

EMMANUEL (Francisco Cândido Xavier). *Paulo e Estêvão*. 41.ed. Rio de Janeiro: Federação Espírita Brasileira, 2004.

KARDEC, Allan. *O Evangelho Segundo o Espiritismo*. 131.ed. Brasília: Federação Espírita Brasileira, 2013.

_____, Allan. *O Livro dos Espíritos*. 33.ed. Rio de Janeiro: Federação Espírita Brasileira, 1974.

_____, Allan. *O Livro dos Médiuns*. 81.ed. Brasília: Federação Espírita Brasileira, 2015.

_____, Allan. *Revue Spirite de 1865*. 1.ed. São Paulo: EDICEL, 1985.

LUIZ, André (Francisco Cândido Xavier). *Libertação*. 25.ed. Rio de Janeiro: Federação Espírita Brasileira, 2002.

MIRANDA, Hermínio Corrêa. *As Marcas do Cristo*, volume I. 5.ed. Rio de Janeiro: Federação Espírita Brasileira, 2006.

MIRANDA, Manoel Philomeno de. *Transtornos Psiquiátricos e Obsessivos*. 1.ed. Salvador: Livraria Espírita Alvorada, 2008.

RODRIGUES, Amélia (Divaldo Pereira Franco). *Há Flores no Caminho*. 5.ed. Salvador: Livraria Espírita Alvorada, 1982.

_____, Amélia (Divaldo Pereira Franco). *Pelos Caminhos de Jesus*. 2.ed. Salvador: Livraria Espírita Alvorada, 1987.

ROMANO, Clemente. *Primeira Carta aos Coríntios*. 1.ed., e-book. Porto Alegre: Repositório Cristão, 2021.

SCARDELAI, Donizete. *Da Religião Bíblica ao Judaísmo Rabínico*. 1.ed., e-book. São Paulo: Paulus Editora.

SILVA, Roberto. *O Talmude*. 1.ed., e-book. Clube de Autores, 2013.

SINTRA, Monsenhor Eusebio (Valter Turini). *O Pastor de Almas*. 2.ed. Matão (SP): Casa Editora O Clarim, 2006.

SUETÔNIO, Caio. *As Vidas dos Doze Césares*. 6.ed. São Paulo: Atena, 1985.

TACITUS, Cornelius. *Anais*. 15.ed. São Paulo: Editora Brasileira Ltda., 1970.

TAVARES, Clóvis. *Amor e Sabedoria de Emmanuel*. 9.ed. Araras (SP): Instituto de Difusão Espírita, 1981.

WORTH, Patience. *A História Triste — Panda, Hatte, Jesus*. 1.ed. São Paulo: Editora Lachâtre, 2009.